MW00588163

Alabanza para cada día

Aliento espiritual para mujeres

BARBOUR
ESPAÑOL
Un Sello de Barbour Publishing

© 2014, 2021 por Barbour Publishing

ISBN: 978-1-64352-897-7

Título en inglés: *Everyday Praise*

© 2010 por Barbour Publishing, Inc.

Escrito y recopilado por Vicki J. Kuyper en asociación con Snapdragon Group℠, Tulsa, Oklahoma, USA.

Todos los derechos reservados. Ninguna parte de esta publicación puede reproducirse ni transmitirse para propósitos comerciales, excepto breves citas en revistas impresas, sin el permiso escrito del editor.

Las iglesias y otros intereses no comerciales pueden reproducir porciones de este libro sin el permiso expreso escrito de Casa Promesa, siempre que el texto no exceda las quinientas palabras y que el texto no sea material citado de otra editorial. Cuando se reproduzca cualquier texto de este libro, se deberá incluir la siguiente línea de reconocimiento: «De *Alabanza para cada día*, publicado por Barbour Publishing. Utilizado con permiso».

A menos que se indique otra cosa, todas las citas de las Escrituras están tomadas de la Santa Biblia, Nueva Versión Internacional®. NVI®. Copyright © 1999, Bíblica, Inc.® Usadas con permiso. Todos los derechos reservados a nivel mundial.

Las citas bíblicas señaladas NTV están tomadas de la Santa Biblia, Nueva Traducción Viviente, Copyright © 2010, Tyndale House Foundation. Todos los derechos reservados.

Las citas bíblicas señaladas RVR1960 están tomadas de la Santa Biblia, versión Reina-Valera © 1960 Sociedades Bíblicas en América Latina; © renovado 1988 Sociedades Bíblicas Unidas. Usadas con permiso. Reina-Valera 1960™ es una marca registrada de la American Bible Society, y puede ser usada solamente bajo licencia.

Las citas bíblicas señaladas LBLA están tomadas de la Santa Biblia versión LA BIBLIA DE LAS AMERICAS®, Copyright © 1986, 1995, 1997 por The Lockman Foundation. Usada con permiso.

Desarrollo editorial: *Semantics, Inc.* semantics01@comcast.net

Publicado por Barbour Español, un sello de Barbour Publishing, Inc, 1810 Barbour Drive, Uhrichsville, Ohio 44683

Nuestra misión es inspirar al mundo con el mensaje transformador de la Biblia.

Member of the
Evangelical Christian
Publishers Association

Impreso en China.

Contenido

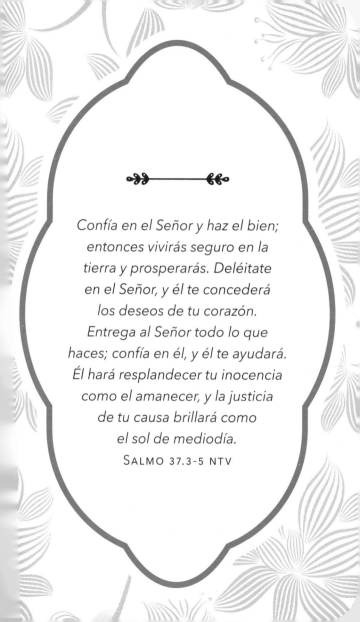

*Confía en el Señor y haz el bien;
entonces vivirás seguro en la
tierra y prosperarás. Deléitate
en el Señor, y él te concederá
los deseos de tu corazón.
Entrega al Señor todo lo que
haces; confía en él, y él te ayudará.
Él hará resplandecer tu inocencia
como el amanecer, y la justicia
de tu causa brillará como
el sol de mediodía.*

SALMO 37.3-5 NTV

Introducción

Por medio de la poesía del libro de los Salmos, nosotras, como mujeres, podemos aprender mucho sobre pasión, emoción y alabanza. Al menos fueron seis sus autores —tal vez más— que, desde luego, fueron personas reales. Clamaron a Dios sin avergonzarse y sus oraciones parecen poner letra a nuestras propias luchas: *¿Dónde está Dios cuando sufro? ¿Cómo puedo perdonar? ¿Puedo ser perdonado? Señor, ¿de verdad me estás escuchando? ¿Puedo depender de ti?*

Si estás buscando una forma inspiradora de empezar tu día o quieres saber lo que la Biblia tiene que decir sobre un tema específico que sea relevante para tu vida, *Alabanzas para cada día* está diseñado para ayudarte a acercarte al Dios que ofrece ayuda, esperanza y sanidad.

Abundancia

*Luz del sol y soberano es Dios,
generoso en dones y gloria.*
SALMO 84.11 (MSG)

Tienes un Padre que posee millares de animales en los collados y sostiene el cosmos en sus manos. En su generosidad, este Padre Todopoderoso te ofrece todo lo que tiene: una vida desbordante de gozo, consuelo y bendición.

Pero, como ocurre con cualquier regalo, este ha de aceptarse antes de poder disfrutar de él. ¿Por qué no le dices hoy que sí al Padre que te ama? Dile cuánto anhelas vivir —y amar— como amada hija suya.

Tengo ese «más que
suficiente» de Dios,
más gozo en un día corriente
de lo que otras consiguen
yendo de compras.

SALMO 4.7 (MSG)

Una «vida abundante» no es algo que podamos adquirir en un centro comercial ni comprar en una tienda virtual. Procede de reconocer cuánto recibimos de Dios todos y cada uno de los días.

Aunque parte de nuestra abundancia pueda venir en forma de posesiones, el desbordamiento de una vida abundante llega, en última instancia, de lo que llena nuestro corazón y no nuestros armarios.

Descansar en el «más que suficiente» de Dios puede transformar el deseo de adquirir en una oración de agradecimiento por lo que ya se nos ha dado.

Aceptación

*El Señor ha escuchado mis ruegos; el
Señor ha tomado en cuenta mi oración.*

Salmo 6.9 (NVI)

Las personas hablan de «aceptar» a
Dios en sus vidas. Pero aquello que
lo posibilita es que Dios nos acepte a
nosotras. Jesús dio su vida para pagar
el precio de todos los errores que
habíamos cometido; por ello, nuestro
Dios perfecto nos puede aceptar de todo
corazón aunque estemos lejos de ser
perfectas. Dios no solo nos acepta, sino
que también admite nuestras oraciones
imperfectas. No tenemos por qué
preocuparnos de pronunciar las palabras
correctas. La oración «perfecta» consiste,
sencillamente, en compartir lo
que hay en tu corazón.

Aborrezco toda esta absurda religión,
pero confío en ti, Señor. Salto y canto
en el círculo de tu amor.

SALMO 31.6 (MSG)

La religión es fabricación del hombre,
no creación de Dios. Tener una relación
personal con Dios es algo totalmente
distinto. No es una lista de reglas
y normas ni nada que «hagamos»
exclusivamente los domingos. Es una
historia de amor entre Padre e hijo, una
relación en la que somos totalmente
amados y amados de un modo
incondicional. Dado que no podemos
ganar la aceptación de Dios —es un
don gratuito de gracia— esto significa
que tampoco la podemos perder. La
aceptación divina nos libera del temor del
rechazo; por tanto, somos libres de ser
nosotras mismas.

Logros

*Tú me cubres con el
escudo de tu salvación,
y con tu diestra me sostienes; tu
bondad me ha hecho prosperar.*

SALMO 18.35 (NVI)

Lograr algo que merezca la pena es
uno de los gozos de vivir. Puede darte
una sensación de propósito y valía. Pero
tú eres más que la suma de tus logros.
Puedes lograr tu realización como mujer
sencillamente prosiguiendo el proceso
de maduración para convertirte en la
mujer individual que Dios pretendió
que fueras al crearte. Disfruta usando
cada don, talento y capacidad que Dios
ha entretejido con tanta generosidad
en tu ser mientras descansas en la
seguridad de merecer el amor de Dios,
independientemente de lo que hayas
logrado.

*Si el Señor no edifica
la casa, en vano se
esfuerzan los albañiles.*
SALMO 127.1 (NVI)

Fuimos diseñadas para hacer grandes cosas de la mano de un Dios sumamente grande. ¿Por qué no invitarle, pues, a ser tu colaborador en todo empeño que emprendas hoy? Recurre a él a lo largo del día, en cualquier momento que necesites sabiduría, paz o perseverancia.

Permítele a Dios que te infunda creatividad, humildad y compasión independientemente del tamaño de la tarea que quieras realizar. Guiado por la oración y afianzado por el Espíritu de un Dios poderoso, tu duro trabajo puede lograr cosas asombrosas.

Apariencia

Te alabaré, porque asombrosa
y maravillosamente
he sido hecho.

SALMO 139.14 (NVI)

Tú misma eres una razón para alabar, viva y que respira. Dios solo formó una como tú, con una apariencia única, un diseño complejo y valiosa sobremanera. Fuiste creada con amor, y, a la vez, con premeditación. Cuando te miras al espejo, ¿reflexionas en esto? Si no es así, es hora de formatear tu cerebro. Usa el espejo como referente para alabar.

Pregúntale a Dios: «¿Qué ves cuando me miras?». Escucha en silencio mientras la verdad de Dios ayuda a remodelar tu autoimagen.

Con tus propias manos me formaste;
ahora insúflame tu sabiduría para
que pueda entenderte.

SALMO 119.73 (MSG)

A Dios no le preocupan las apariencias.
La Biblia nos dice que Dios mira el
corazón de las personas en lugar de
su exterior. Tal vez sea porque las
apariencias pueden engañar. Una mujer
puede ser hermosa a ojos del mundo,
mientras que su corazón alimenta el
orgullo, el engaño, la lujuria, la avaricia y
mil otros rasgos desagradables.

Al aprender a mirar a las personas
como Dios lo hace, de adentro hacia
afuera, podemos descubrir la belleza en
los demás –y en nosotras– que jamás
hemos notado antes.

Seguridad

*El Señor llevará a cabo los planes que
tiene para mi vida, pues tu fiel amor,
oh Señor, permanece para siempre.*

SALMO 138.8 (NTV)

A lo largo de las Escrituras, Dios nos
tranquiliza constantemente: está
trabajando a nuestro favor para realizar
las cosas buenas que ha planeado
para nuestras vidas. Si tu confianza
vacila, si necesitas saber con seguridad
que alguien está de tu parte, si estás
angustiada por el futuro, haz lo que
han venido haciendo, durante siglos,
las personas que se sintieron como tú:
tómate en serio las palabras de Dios. No
existe mayor tranquilidad que saberte
amada, de un modo completo y eterno.

*El Señor te protege al entrar y
al salir, ahora y para siempre.*
SALMO 121.8 (NTV)

La sabiduría convencional nos
dice que nada dura para siempre.
Afortunadamente, solo porque un
dicho así lo afirme, esto no hace que
sea verdad. La sabiduría de la Biblia,
demostrada por el tiempo, nos asegura
que Dios siempre ha sido y que será
siempre. Gracias a Jesús, *para siempre*
es una palabra que también se puede
aplicar a nosotros. Cuando seguimos
a Jesús aquí en la tierra, lo seguimos
directo al cielo. Tenemos la seguridad de
saber que nuestra verdadera expectativa
de vida es «para siempre».

Actitud

Este es el día que hizo el Señor; nos gozaremos y alegraremos en él.

SALMO 118.24 (NTV)

¿Qué tipo de día tendrás hoy? Tu respuesta podría ser: «¡No lo sabré hasta haberlo vivido!». Pero la actitud con la que te plantees cada nuevo día puede cambiar tu manera de experimentar la vida. Por esta razón es importante apartar cada mañana algún «tiempo de ajuste de la actitud». Al despertarte, recuérdate a ti misma: «Este es el día que ha hecho el Señor». Busca su mano en los detalles y dale gracias por cada bendición que pone en tu camino.

*El Señor es mi fuerza y mi
escudo mi corazón en él
confía; de él recibo ayuda.*

SALMO 28.7 (NVI)

Una roca, una fortaleza, un guerrero,
un rey, la Biblia usa muchas metáforas
para describir a Dios. Dado que no
hay una sola palabra que pueda
describir por completo a nuestro Dios
infinito e incomparable, las imágenes
representadas por una palabra nos
ayudan a conectar mejor con un Dios al
que no podemos ver con ilustraciones
que conocemos. Si tu actitud pudiera
usar un estímulo de fuerza y confianza,
imagínate a Dios como tu escudo. Él
siempre está ahí para protegerte, para
refugiarte y para guardar tu corazón y tu
mente.

Creencia

Antes que los montes fueran
engendrados, y nacieran la tierra y
el mundo, desde la eternidad y hasta
la eternidad, tú eres Dios.

SALMO 90.2 (LBLA)

Las personas creían en el pasado que el mundo era plano. Esto significaba que solo los más intrépidos exploradores se aventuraran a viajar grandes distancias y se arriesgaran a caer desde el «borde» de la tierra. Lo que se cree determina las elecciones que se hacen, independientemente de la era en la que se viva. ¿Qué crees sobre Dios? ¿Está en línea con lo que afirma la Biblia? Merece la pena comprobarlo. Como vas a vivir lo que crees, es importante que estés seguro de la veracidad de tus creencias.

Hubiera yo desmayado, si no hubiera creído que había de ver la bondad del Señor en la tierra de los vivientes.

SALMO 27.13 (RVR1960)

Saber qué siente una amiga hacia ti puede ayudarte a relajarte y a ser tú misma. Con este tipo de amistad puedes compartir sinceramente tus más profundos secretos, tus sentimientos y tus fallos, sin temor al ridículo o a las represalias. Los salmos nos recuerdan una y otra vez que Dios tiene un buen corazón hacia nosotros. Creer en su bondad innata significa que podemos confiarle cualquier detalle de nuestra vida sin vacilar.

Biblia

La palabra de Dios te emociona;
día y noche masticas las Escrituras.

SALMO 1.2 (MSG)

Imagina que las palabras de Dios son tu comida favorita, que cada bocado es una exquisitez que debe saborearse y disfrutarse. Te deleitas en la mezcla exclusiva de ingredientes, en el sabor y en la textura. Cuando has acabado de comer, estás alimentada y satisfecha.

Las Escrituras son una comida bien equilibrada para tu corazón y tu alma, una comida que puede seguir mucho después de que hayas devuelto tu Biblia a la estantería. Reflexiona en lo que has leído. Medita en las promesas de Dios. Mastica las verdades atemporales y añade sazón a tu vida.

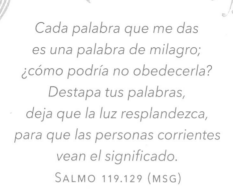

*Cada palabra que me das
es una palabra de milagro;
¿cómo podría no obedecerla?
Destapa tus palabras,
deja que la luz resplandezca,
para que las personas corrientes
vean el significado.*
SALMO 119.129 (MSG)

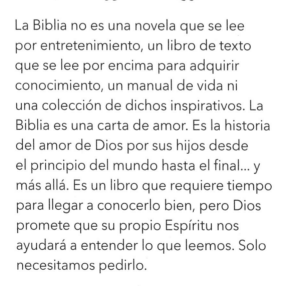

La Biblia no es una novela que se lee
por entretenimiento, un libro de texto
que se lee por encima para adquirir
conocimiento, un manual de vida ni
una colección de dichos inspirativos. La
Biblia es una carta de amor. Es la historia
del amor de Dios por sus hijos desde
el principio del mundo hasta el final... y
más allá. Es un libro que requiere tiempo
para llegar a conocerlo bien, pero Dios
promete que su propio Espíritu nos
ayudará a entender lo que leemos. Solo
necesitamos pedirlo.

Bendiciones

Me dije a mí mismo:
«Relájate y descansa.
Dios ha derramado sus
bendiciones sobre ti».
SALMO 116.7 (MSG)

«Las amigas saben lo que necesitan sus amigas», dice el refrán. Por esta razón, las amigas suelen celebrar *baby showers* para las futuras mamás. Es una forma de ayudar a proveer lo que una madre necesitará en los meses por venir. Dios nos conoce a nosotras y nuestras necesidades mejor que cualquier amiga o familiar. Por ello, abre su fuente sobre nosotros cada día. Envuelve sus bendiciones en sabiduría, propósito y creatividad para ayudar a suplir nuestras necesidades físicas, emocionales y espirituales.

Dios nos tenga compasión y nos bendiga; Dios haga resplandecer su rostro sobre nosotros.

SALMO 67.1 (NVI)

Cuando se habla de «bendiciones» uno suele referirse a palabras. Se suele bendecir la mesa y las bodas. En inglés se dice «bendición» cuando alguien estornuda. Las palabras que pronunciamos pueden ser un regalo como lo son las bendiciones que podemos sostener en nuestras manos.

¿Qué quiere Dios que les digas a las personas con las que te encuentres hoy? Considera cómo puedes bendecir a otros con tus palabras... y después da tu opinión. Una buena palabra puede ser a menudo el regalo perfecto.

Cargas

Echa sobre Jehová tu carga,
y él te sustentará; no dejará
para siempre caído al justo.

SALMO 55.22 (RVR1960)

Lanzar un sedal de pesca es un gesto que apenas requiere esfuerzo. Echar una carga representa una imagen totalmente distinta. Las cargas se suelen retratar como algo pesado, engorroso, difícil de llevar... por no hablar de «echarlas».

Sin embargo, echar nuestras cargas sobre Dios es tan fácil como hablar con él en oración. Es pedir ayuda cuando la necesitamos, admitir nuestro pecado cuando hemos caído y dejar que nuestras lágrimas hablen por nuestros corazones cuando nos faltan las palabras.

*Bendito sea el Señor, nuestro
Dios y Salvador, que día tras día
sobrelleva nuestras cargas.*
SALMO 68.19 (RVR1960)

Algunas cosas son demasiado pesadas
de llevar a solas. Por ejemplo, un sofá.
O una lavadora. Lo mismo ocurre con
las cargas mentales y emocionales que
arrastramos.

La buena noticia es que la fuerza,
la paz, el consuelo, la esperanza y una
hueste de otras manos que ayuden solo
se encuentran a una oración de distancia.

Nunca estamos solas en nuestro dolor
o nuestra lucha. Dios siempre está cerca,
justo a nuestro lado, preparado para
ayudarnos a llevar cualquier cosa que nos
esté aplastando.

Desafío

Nuestro Dios es grande y
su fuerza ilimitada; jamás
abarcaremos todo lo que
él conoce y hace. Dios vuelve
a levantar a los caídos.

SALMO 147.5-6 (MSG)

En las pruebas de atletismo no resulta tan
inusual ver saltar a un atleta por encima
de un obstáculo y caer al suelo. Lo que
pone a la multitud en pie es cuando el
corredor vuelve a levantarse. El desafío
implica riesgo, tanto en el deporte como
en la vida. No te asustes de intentar
lo difícil. Tengas éxito o fracases, Dios
promete renovar tu fuerza y tu propósito.
Tal vez no lo entiendas ahora, pero
puedes estar segura de que él es capaz.

*El Señor está cerca de
quienes lo invocan, de quienes
lo invocan en verdad.*

SALMO 145.18 (NVI)

Algunas mañanas te levantas sabiendo
que tienes por delante un día desafiante.
Otras veces, la dificultad te toma por
sorpresa. Cualquiera que sea el reto que
entre en tu vida, recuerda que el Señor
está cerca. No solo te socorrerá a afrontar
cualquier desafío sin ambages, sino que
lo utilizará para ayudarte a crecer. Busca
la mano de Dios que obra en tu vida y te
asiste para que logres aquello que puede
parecerte imposible.

Cambio

Pero los planes del Señor se mantienen firmes para siempre; sus propósitos nunca serán frustrados.

SALMO 33.11 (NTV)

Nuestro Dios no es un indeciso. No experimenta «malos días» ni cambios de humor; no está sujeto a modas, tendencias ni a la presión de colegas. Nuestro Dios perfecto y eterno no tiene igual. Basándonos en las Escrituras podemos afirmar que experimenta emociones como el amor, el dolor y el placer. Sin embargo, sus emociones no lo dirigen como nos suele pasar a nosotras algunas veces. Esto significa que podemos confiar en que Dios es fiel a sus promesas, sus planes y su carácter... hoy, mañana y siempre.

Pero yo, Señor, en ti confío, y digo:
«Tú eres mi Dios». Mi vida entera
está en tus manos; líbrame de mis
enemigos y perseguidores.

SALMO 31.14-15 (NVI)

El cambio puede ser apasionante. También puede resultar incómodo, indeseado y, en ocasiones, incluso aterrador. Si te enfrentas al cambio y te sientes angustiada o confusa, recurre al Dios de orden y de paz. Él sostiene cada giro y vuelta de tu vida en sus manos.

Intenta contemplar el cambio, a través de sus ojos, como una oportunidad de crecimiento y una invitación a confiar en él con tus esperanzas y temores más profundos.

Carácter

*Ponme a prueba, Señor,
e interrógame; examina mis
intenciones y mi corazón.*
SALMO 26.2 (NTV)

Algunas mujeres pasan largo tiempo intentando lucir hermosas externamente, mientras prestan poca atención a lo que hay en su interior. Las palabras de Dios y su Espíritu pueden ayudar a revelar la verdad sobre ti, desde adentro hacia afuera. Pregúntale a Dios si tu carácter necesita algún retoque, o tal vez una reconstrucción total. Ve si tus pensamientos, tus palabras y tus acciones están alineados con la mujer que te gustaría ver en el espejo, sonriéndote cada mañana.

Solo tú puedes decir
que soy inocente,
porque solo tus ojos
pueden ver la verdad.
SALMO 17.2 (CEV)

Nadie entenderá la historia invisible que subyace a lo que dices y haces. Habrá tiempos en los que te malinterpreten, te calumnien y hasta te rechacen. Esto ocurre cuando sale a relucir tu verdadero carácter. Tu forma de responder a la adversidad y a las acusaciones injustas dice mucho sobre ti y sobre el Dios al que sirves. Pídele a él que te ayude a ocuparte de todos los puntos flacos de tu propio carácter. Trata a tus críticos con respeto. Luego, sigue adelante con confianza y humildad.

Hijos

Que nuestros hijos, en su juventud,
crezcan como plantas frondosas; que
sean nuestras hijas como columnas
esculpidas para adornar un palacio.

SALMO 144.12 (NVI)

Buena comida, una buena noche de
descanso, una buena educación, un buen
hogar seguro y desbordante de amor...
Las buenas madres intentan proporcionar
lo que sus hijos necesitan. Pero los niños
precisan más. Como los adultos, tienen
necesidades espirituales así como físicas
y emocionales. Por esta razón, orar por
nuestros hijos a diario es más que una
buena idea. Es un recordatorio de que
necesitan más que el amor maternal.
También necesitan la implicación de su
Padre celestial en sus vidas.

*Los hijos son una herencia
del Señor, los frutos del vientre
son una recompensa.*
SALMO 127.3 (NVI)

Un hijo es un regalo literalmente enviado del cielo. No es necesario que tengas tus propios hijos para cuidar a los niños de tu entorno, o aprender de ellos. En el Nuevo Testamento, Jesús habló de cómo nuestra fe debería parecerse a la de un niño. Para entender la razón, considera esto: los niños creen lo que oyen, aman incondicionalmente y dicen lo que piensan. ¡Qué forma tan maravillosa de relacionarse con Dios!

Elecciones

Tú eres mi elección, Dios,
la primera y la única.
¡Y ahora descubro que tú
me has escogido a mí!
SALMO 16.5 (CEV)

Algunas de las elecciones que hacemos pueden cambiar el curso de nuestras vidas, como permanecer soltera o casarse, qué carrera seguir, adoptar o no a un niño. Pero hay una elección que no solo cambia la dirección de nuestras vidas, sino también nuestra eternidad.

Cuando escogemos seguir a Dios, esto afecta a cualquier cosa que elijamos desde ese momento en adelante. Cuanto más implicamos a Dios en nuestro proceso de decisión, más sabias serán nuestras elecciones.

Guía mis pasos conforme a tu palabra,
para que no me domine el mal.

SALMO 119.133 (NTV)

Cuando conduces por una carretera que no te es familiar, las señales de tráfico tienen un valor incalculable. Te señalan la dirección correcta y te advierten del peligro inminente. Cuando se trata de la carretera de la vida, la Biblia es una señal que te ayuda y te guía en cada paso del camino. Cuanto más la leas, más preparada estarás para hacer buenas elecciones. Cuando te enfrentes a una bifurcación en la carretera de la vida, detente y considera qué dirección quiere Dios que sigas.

Consuelo

*Dios es una casa segura para
los maltratados, un santuario
durante los malos tiempos.
En el momento en que llegas,
te relajas; jamás te arrepientes
de haber llamado a su puerta.*

SALMO 9.9-10 (MSG)

Cuando las mujeres necesitan consuelo,
parecen recurrir instintivamente al
cónyuge o a una amiga íntima. No hay
nada de malo en buscar un hombre
humano sobre el que llorar cuando una
lo necesita. Solo recuerda que la Biblia
se refiere a Jesús como nuestro esposo
y como nuestro amigo. El consuelo que
Dios proporciona llega más profundo que
el que cualquier persona pueda ofrecer.
Dios ve tus problemas como parte de
una imagen más amplia y eterna, y puede
ofrecer perspectiva a la vez que consuelo.

*El Señor está cerca de los
quebrantados de corazón, y salva
a los de espíritu abatido.*

SALMO 34.18 (NVI)

Poner tu fe en Jesús no significa que
jamás tendrás el corazón roto. Las
Escrituras nos dicen que hasta Jesús lloró.
Él conocía el futuro. Sabía que su Padre
celestial tenía el control. Sabía que la
victoria era segura. Pero, aun así, sufrió.
Cuanto tienes el corazón roto, solo Dios
tiene el poder de volver a reconstruirlo.
No ocurre de la noche a la mañana. Pero
cuando te acercas a él, te aproximas a la
verdadera fuente de paz, gozo y sanidad.

Compromiso

Siempre se atiene a su pacto,
al compromiso que adquirió
con mil generaciones.

SALMO 105.8 (NVI)

Dios tiene un compromiso contigo similar
al voto matrimonial. Promete amarte y
cuidarte en la salud o en la enfermedad,
en la riqueza o en la pobreza, en lo
bueno y en lo malo. Pero con Dios,
este compromiso no dura «hasta que la
muerte les separe». Aun en la muerte
y más allá, él está allí. No hay nada que
puedas hacer que le obligue a apartar su
rostro de ti. Su compromiso de amarte y
perdonarte se mantiene firme, venga lo
que venga.

*Seguiré con la esperanza de
tu ayuda; te alabaré más y más.*
SALMO 71.14 (NTV)

Escoger seguir a Dios no es un
compromiso de un solo uso. Es una
elección que se renueva cada día. ¿A
quién o qué escogerás seguir hoy? ¿A
la cultura o la opinión popular? ¿Tus
emociones o deseos? ¿O a Dios y su
Palabra? Permanecer sistemáticamente
comprometido con algo —una dieta, un
programa de ejercicio, un cónyuge o
Dios— requiere esfuerzo. Pero, con Dios,
su propio Espíritu nos fortalece y nos da
esperanza para ayudarnos a mantenernos
plenamente comprometidas con él.

Compasión

*Tan compasivo es el Señor con los
que le temen como lo es un
padre con sus hijos.*
SALMO 103.13 (NTV)

Si tus hijos están sufriendo, tú ni lo
piensas dos veces y vas en su ayuda.
Escuchas con atención sus quebrantos,
secas sus lágrimas y les ofreces palabras
de sabiduría y aliento. Como hija de Dios,
tienes a un perfecto y poderoso Padre
celestial que siente esto mismo por ti.
Su compasión es más que emoción. Es
amor en acción. Puedes decirle cualquier
cosa sin temor a la condenación o el
abandono. El perdón de Dios llega tan
profundo como su amor.

Pero tú, Señor, eres Dios clemente
y compasivo, lento para la ira,
y grande en amor y verdad.

SALMO 86.15 (NTV)

Sin amor y compasión, un Dios todopoderoso sería algo a lo que temer en lugar de Alguien en quien confiar. Esta es una de las razones por las que Jesús vino a la tierra. Para ayudarnos a ver el lado compasivo del todopoderoso. A lo largo de los Evangelios leemos cómo Jesús alcanzó a los que sufrían, a los marginados, los débiles, los pobres y los abandonados. No volvió la espalda a los pecadores, sino que los aceptó con los brazos abiertos. Sus brazos te siguen esperando. ¿Correrás hacia su abrazo?

Confianza

Mi corazón está confiado en ti, oh Dios;
mi corazón tiene confianza. ¡Con razón
puedo cantar tus alabanzas!

SALMO 57.7 (NTV)

Cuando se repite una palabra o frase
en la Biblia, es hora de prestar atención.
En el lenguaje original del Antiguo
Testamento esto significa que algo
es lo mejor, lo supremo, ¡la pieza de
resistencia! En el salmo 57, el autor indica
doblemente lo confiado que está su
corazón en Dios. ¡No es de sorprender
que la alabanza le surja de forma natural!
Cree al salmista: nunca dudes de lo que
Dios siente por ti. Puedes estar confiada
en él... eternamente confiada.

A estas personas no las vencerá el mal;
a los rectos se les recordará por mucho
tiempo. Ellos no tienen miedo de malas
noticias; confían plenamente en que
el Señor los cuidará. Tienen confianza
y viven sin temor, y pueden enfrentar
triunfantes a sus enemigos.

SALMO 112.6-8 (NTV)

Vivimos tiempos de incertidumbre, en
la economía, en la política, de forma
global. A pesar de todo, puedes darle
la bienvenida a cada nuevo día con la
cabeza bien alta, confiada y sin temor.
¿Por qué? Porque tienes un Dios que
se preocupa profundamente por ti y
del mundo que te rodea. Cuando tu
confianza está colocada firmemente
en Dios en lugar de en tus propias
capacidades, cuenta bancaria o «buen
karma», no tienes por qué temerle al
futuro. Está en las manos poderosas,
capaces y compasivas de Dios.

Contentamiento

El Señor es mi pastor, nada me falta.
SALMO 23.1 (NVI)

En lo que se refiere al cerebro, las ovejas no son precisamente unas lumbreras. Se asustan con facilidad, tienden a seguir a la multitud y tienen capacidades limitadas de defenderse por sí solas. Por esta razón están mejor con un pastor que las guía, las protege y cuida de sus necesidades. Nuestro Buen Pastor hará lo mismo por nosotras. La preocupación, el temor y el descontento son productos de una mentalidad de oveja. Sin embargo, la paz del verdadero contentamiento puede ser nuestra cuando seguimos la dirección de Dios.

He cultivado un corazón tranquilo.
Como un bebé satisfecho en
los brazos de su madre,
mi alma es un bebé satisfecho.

SALMO 131.2 (MSG)

Imagínate a un recién nacido bien alimentado, descansando en los brazos de su madre, mirándola apaciblemente a los ojos. Eso es contentamiento. No se preocupa porque «ese pañal lo haga parecer gordo». No teme a que «siga habiendo seguridad social cuando se retire». No siente un ardiente deseo por un carrito más bonito ni por una cuna más grande. Permite que Dios te mime. Mírale a los ojos recordando las formas en que ha provisto para ti. Cultiva el contentamiento confiando en él así como un niño confía en su madre.

Valor

Cuando te llamé, me respondiste;
me infundiste ánimo y renovaste
mis fuerzas.

SALMO 138.3 (NVI)

A las mujeres se las caracteriza a menudo
como criaturas tímidas: huyen de las
arañas, gritan cuando ven ratones, se
refugian detrás de grandes hombres
fornidos cuando el peligro está cerca.
Pero la Biblia caracteriza a las mujeres
de Dios como osadas y valientes. La
reina Ester arriesgó su vida para salvar a
los hijos de Dios del genocidio. Débora
dirigió un ejército y juzgó a las tribus
de Israel. Rahab se atrevió a esconder a
los espías judíos para salvar a su familia.
Hoy Dios te proporcionará el valor que
necesitas para cumplir cualquier cosa
que él te pida que hagas.

Aguarda a Jehová;
Esfuérzate,
y aliéntese tu corazón;
Sí, espera a Jehová.
Salmo 27.14 (RVR1960)

A primera vista, la temeridad puede parecer valor. Sin embargo, el verdadero valor contabiliza el coste antes de forjarse. Si te estás enfrentando a una arriesgada decisión, no solo es sabio pensar antes de actuar, sino que es bíblico. Eclesiastés 3.1 (MSG) nos recuerda: «Hay un momento oportuno para hacer las cosas, un tiempo adecuado para todo sobre la tierra». Esperar ese instante adecuado requiere paciencia y valor. No ores simplemente para pedir valor. Pide sabiduría para discernir ese «momento oportuno».

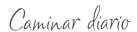

Caminar diario

Haz borrón y cuenta nueva, Dios, para
que podamos empezar frescos el día.
Apártame de los pecados absurdos,
de pensar que puedo asumir tu trabajo.

SALMO 19.13 (MSG)

Ayer ha terminado. Hoy es un día flamante. Cualquier equivocación o mala elección que hayas hecho en el pasado quedan atrás. Dios no te las echa en cara. Ha limpiado tu pasado con el poder del perdón. Lo único que te queda por hacer con el pasado es aprender de él. Celebra cada nuevo día dándole gracias a Dios por lo que ha hecho y anticipando activamente lo que él va a hacer hoy con la pizarra limpia.

Por la mañana, Señor, escuchas mi
clamor; por la mañana te presento mis
ruegos, y quedo a la espera
de tu respuesta.

<small>SALMO 5.3 (NVI)</small>

Programar tiempo para orar y leer la
Biblia puede ser un elemento más de
tu lista de quehaceres. Pero conocer a
Dios no es un proyecto. Es una relación.
Los mejores amigos no pasan tiempo
juntos solo porque sienten que deberían
hacerlo. Lo hacen, porque disfrutan la
compañía mutua y anhelan conocerse
mejor. Cuanto más sistemática seas en
pasar tiempo con Dios cada día, más
sentirás que él es tu íntimo «amigo».

Decisiones

Le digo a Dios: «¡Sé mi Señor!».
Sin ti, nada tiene sentido.
SALMO 16.2 (MSG)

Papel o plástico. Derecha o izquierda. Sí o no. Cada día está lleno de decisiones que necesitan tomarse. Algunas tienen poca repercusión sobre la gran imagen de nuestra vida, mientras que otras pueden cambiar su curso de formas dramáticas. Invitar a Dios en tu proceso de toma de decisiones no solo es sabio, sino que nos ayuda a hallar paz con las decisiones que tomamos. Saber que Dios está manos a la obra, entretejiendo todas nuestras decisiones en una vida con propósito, nos ayuda a seguir adelante con confianza.

Dios es justo y recto; corrige a
los que están mal dirigidos,
los envía en la dirección correcta.

SALMO 25.8 (MSG)

Cuando vas conduciendo por una
ciudad que no te es familiar, un mapa
es una valiosa herramienta. Puede
ayudarte a prevenir que tomes los giros
equivocados. Si acabas en la dirección
equivocada, un mapa puede ayudarte a
ponerte de nuevo en el buen camino. La
Palabra de Dios y su Espíritu son como
un GPS para tu vida. Permanecer en
estrecho contacto con Dios por medio
de la oración te ayudará a navegar por el
mejor itinerario que puedas escoger en
esta vida, una decisión a la vez.

Deseos

Ante ti, Señor, están todos mis deseos;
no te son un secreto mis anhelos.

SALMO 38.9 (NVI)

¿Qué es lo que más anhela tu corazón? Háblale a Dios sobre ello. Él te ayudará a destapar la verdadera raíz de tus deseos más profundos. ¿Ansías tener un hijo? Tal vez lo que deseas de verdad es el amor incondicional. ¿Aspiras a un hogar propio? Tal vez lo que anhelas es tu necesidad de seguridad o ser admirada por los demás. En última instancia, Dios es el único que puede llenar tus más profundas ansias, y eso es lo que desea hacer exactamente.

*Deléitate en el Señor, y él te concederá
los deseos de tu corazón.*
SALMO 37.4 (NVI)

«Deleitarse» en alguien es sentir un
gran placer sencillamente por estar en
presencia de esa persona. Si de verdad te
deleitas en Dios, el deseo más profundo
de tu corazón será acercarte aún más a él.
Es un anhelo que a Dios mismo le encanta
cumplir. Es porque él se deleita en ti. Eres
más que su creación. Eres su hija amada.
Se deleita en ti como un padre orgulloso
observa a su hija dar sus primeros pasos.

Devoción

Caminaré en libertad, porque me he dedicado a tus mandamientos.

SALMO 119.45 (NTV)

Estar dedicada a alguien que amas es una cosa. Estar dedicada a hacer algo, como completar un proyecto o seguir los mandamientos de Dios es otra distinta. No suena apasionante o placentero, pero dedicarte a hacer lo que Dios te pide no es un programa de autosuperación. Es una labor de amor. El compromiso es una forma de expresar amor, ya sea honrando tus votos matrimoniales o dedicarte a hacer lo que es correcto. Amar es un verbo, siempre en acción, hacer visibles las emociones invisibles.

Protégeme, pues estoy dedicado a ti.
Sálvame, porque te sirvo y confío
en ti; tú eres mi Dios.
SALMO 86.2 (NTV)

El núcleo central de la devoción no es el deber. Es el amor. Cuanto más profundo es tu amor, más honda es tu devoción. ¿Cómo es estar dedicada a Dios? Se caracteriza por una mentalidad de «primero Dios», en lugar de «primero yo». Aunque es cierto que estar dedicada a Dios significa que pases tiempo con él, también quiere decir que entregues tu tiempo a los demás. Tu amor por Dios rebosa y alcanza la vida de aquellos que te rodean. ¡Tu devoción a Dios es beneficiosa para todos!

Aliento

*Los humildes verán a su Dios en acción
y se pondrán contentos; que todos
los que buscan la ayuda de
Dios reciban ánimo.*

SALMO 69.32 (NTV)

Hay aliento en la oración respondida.
En ocasiones, las respuestas de Dios
parecen exactamente lo que estamos
esperando. Otras veces, revelan que el
amor, la sabiduría y la creatividad de Dios
rebasan con creces los nuestros. Para
estar al tanto de las respuestas de Dios a
la oración, hemos de mantener nuestros
ojos y nuestros corazones abiertos. Está
hoy alerta a las respuestas a la oración.
Cuando percibas una, dale gracias a Dios.
Permite que la seguridad del cuidado
eterno de Dios aliente tu alma.

En cuanto oro, tú me respondes; me alientas al darme fuerza.

Salmo 138.3 (NTV)

Una palabra de aliento puede llegar muy lejos al alentar nuestro corazón. Ya sea una palabra que viene de un amigo, un cónyuge, un extraño o directamente de la propia Palabra de Dios, el aliento tiene poder. Nos hace saber que no estamos solas. Tenemos un grupo de apoyo que nos anima mientras vamos por la vida. De todo este grupo, Dios es nuestro mayor fan. Quiere que tengas éxito y su ayuda se encuentra tan solo a una oración.

Resistencia

Los que confían en el Señor son
como el monte Sión, que jamás
será conmovido, que permanecerá
para siempre.

SALMO 125.1 (NVI)

Los picos alpinos resisten al sol y a las lluvias, al calor y al granizo. No ceden ni se inclinan ante las condiciones adversas, sino que siguen manteniéndose firmes, siendo exactamente aquello para lo que Dios los creó: montañas majestuosas. Dios te creó para que seas una mujer fuerte y victoriosa. Fuiste diseñada para resistir a los cambios de estaciones de esta vida con la ayuda de Dios. Apóyate en él cuando los vientos de la vida empiecen a soplar. Dios y su Palabra son una base sólida que jamás se moverá bajo nuestros pies.

Revigoriza mi alma para que pueda alabarte bien, usa tus decretos para poner hierro en mi alma.

SALMO 119.175 (MSG)

Una corredora de maratón no empieza corriendo cuarenta kilómetros. Tiene que empezar despacio, permanecer constante y esmerarse un poco más día a día. Así es cómo se construye la resistencia. Lo mismo ocurre en la vida. Si lo que está delante parece abrumador, no sientas pánico pensando que necesitas abordarlo todo de una vez. Pídele a Dios que te ayude a hacer lo que puedas hoy. Luego, celebra el progreso que hayas hecho, descansa y repite. La resistencia solo crece un día a la vez.

Vida eterna

*Te bendeciré cada día y lo seguiré
haciendo desde ahora hasta
la eternidad.*

SALMO 145.2 (MSG)

La vida eterna no es una recompensa que
podamos ganar. Es el regalo gratuito de
un Padre que quiere pasar la eternidad
con los hijos a los que ama. Este don
puede ser gratuito para nosotros, pero
fue comprado a un alto precio. Jesús
compró nuestras vidas pagando con la
suya. Su muerte en la cruz es el puente
que nos lleva de esta vida a la siguiente.
«Para siempre» no es suficiente para
agradecer un regalo como este.

Me mostrarás el camino de la vida, me concederás la alegría de tu presencia y el placer de vivir contigo para siempre.

SALMO 16.11 (NTV)

Johan Wolfgang von Goethe escribió: «La vida es la infancia de nuestra inmortalidad». A la luz de la eternidad, solo somos niñas, independientemente de la edad que tengas. En nuestra sociedad actual obsesionada por la juventud, mantener tu «verdadera» edad en mente te puede ayudar a ver cada día desde una perspectiva más celestial. Aférrate a tu sentido de asombro infantil. Deja que te inspire fascinación, agradecimiento, alabanza y deleite. Acércate a tu Padre celestial y celebra. Hay muchas más cosas en tu vida de las que tus ojos pueden ver.

Ejemplo

*Estudiaré tus enseñanzas
y seguiré tus pisadas.*

SALMO 119.15 (CEV)

En la Biblia leemos acerca de héroes como Abraham, Moisés y David. Aunque estos hombres hicieron cosas admirables, también eran imperfectos. Cometieron errores e hicieron elecciones mediocres. No obstante, Dios los usó de formas extraordinarias. La única persona de toda la Biblia que vivió una vida perfecta fue Jesús. Es nuestro máximo ejemplo. Si estás buscando la mejor manera de vivir y de amar, las pisadas de Jesús son, por completo, las únicas dignas de seguir.

*Mi vida es un ejemplo para muchos,
porque tú has sido mi fuerza y
protección.*

SALMO 71.7 (NTV)

Si otros siguen tu ejemplo, ¿adónde los
conduce? ¿Se verán dirigidos hacia Dios
o se apartarán de él? Al permitir que Dios
te cambie de dentro hacia fuera, tu vida
orientará a los demás en su dirección. Ser
un ejemplo que merezca la pena seguir
no significa que estés bajo la presión
de ser perfecta. Es el poder de Dios,
que resplandece a través de la vida de
las personas imperfectas la que susurra
con mayor elocuencia: «Hay mucho más
aquí de lo que se puede ver. Dios está
obrando».

Expectativas

Sé valiente. Sé fuerte. No abandones.
Espera que Dios llegue pronto aquí.
SALMO 31.24 (MSG)

Confiar en Dios te puede transformar
en una persona del tipo «vaso medio
lleno». Puedes enfrentarte a cada día,
incluso a los más duros, con confianza
y expectativas, porque eres consciente
de que hay mucho más en esta vida de
lo que se puede ver. Puedes descansar
en la promesa de que Dios está obrando
para que todas las cosas ayuden para tu
bien. Sabes que la muerte no es el final.
En otras palabras, puedes esperar que
haya grandes cosas por delante. ¿Por
qué no anticiparlas con agradecimiento y
alabanza?

Los ojos de todos esperan en ti, Y tú
les das su comida a su tiempo.
SALMO 145.15 (RVR1960)

Orar sin esperar que Dios conteste es
como desear una estrella. No crees que
vaya a haber ninguna diferencia, pero
oras de todos modos, por si acaso hay
algo detrás de todos esos cuentos de
hadas. Cuando ores, hazlo con grandes
expectativas. Dios está manos a la obra
para beneficio de su hija a la que tan
tiernamente ama: tú. Solo recuerda que
las respuestas divinas pueden llegar en
las formas y los momentos que menos
esperas.

Fe

*El Señor protege a los que tienen
fe como de un niño.*

SALMO 116.6 (NTV)

¿Sientes que necesitas más fe? En ocasiones, lo que necesitamos de verdad es el valor de actuar basándonos en lo que ya creemos. Una paracaidista puede tener fe en que su paracaídas esté empacado correctamente, pero eso no evita que se le encoja el estómago cuando salta del avión. Sin embargo, cuanto más cae, menos nerviosa se siente. Cuanto mejor conozcas a Dios, más parecerá que el salto de fe es como brincar y ser recibida por los brazos abiertos del Padre amoroso.

Guíame con tu verdad y enséñame,
porque tú eres el Dios que me salva.
Todo el día pongo en ti mi esperanza.
SALMO 25.5 (NTV)

La fe es un regalo que recibimos y, a la vez, una acción que emprendemos. El Espíritu de Dios nos da la fe suficiente para extendernos hacia un Padre al que no podemos ver. Pero, a medida que seguimos estirándonos hacia él —continuamos poniendo nuestra confianza en Dios durante el transcurso de nuestra vida— ese pequeño don de fe crece y se fortalece, como un músculo que se entrena en el gimnasio. Ejercita hoy tu fe haciendo lo que crees que Dios quiere que hagas.

Fidelidad

El Señor es bueno. Su amor inagotable permanece para siempre, y su fidelidad continúa de generación en generación.

SALMO 100.5 (NTV)

Con el tiempo, llegamos a creer que ciertas cosas son inamovibles. El sol se levanta y se acuesta. Las mareas menguan y crecen. Las estaciones rotan año tras año. Nacen bebés, y mueren personas, y el mundo sigue adelante, como siempre, como lo ha venido haciendo durante siglos: fiel a un patrón predecible. Pero llegará un tiempo cuando el mundo, tal como lo conocemos, acabará. Solo Dios es totalmente inamovible e inmutable. Su amor y su bondad para con nosotras permanecerá fiel para siempre.

Fiel es el Señor a su palabra y
bondadoso en todas sus obras.
SALMO 145.13 (NTV)

Un viejo refrán dice que «las promesas están hechas para romperlas». Con Dios, la verdad es justo lo contrario. La Biblia está llena de promesas que él ha hecho y que ha cumplido. Un historial semejante confirma que puedes confiar en la Palabra de Dios y su amor por ti. Él permanece fiel, incluso cuando tu fidelidad hacia él vacila de vez en cuando. Dios y sus promesas han superado la prueba del tiempo y seguirán siendo constantes por toda la eternidad.

Familia

Dios da un hogar a los desamparados.
SALMO 68.6 (NVI)

La familia puede ser uno de nuestros mayores gozos en esta vida. También puede ser caótica porque es donde mostramos quiénes somos de verdad. Es donde somos reales. Por esta razón, la «familia» es la placa de Petri perfecta para que aprendamos cómo amar igual que Jesús. El amor incondicional ve a los demás tal como son, con sus defectos y sus imperfecciones, y sigue entregándose, sacrificándose y perdonando. Conforme vamos dejando que Dios nos ame, él nos ayudará para que amar a los demás nos resulte más fácil.

Tú, oh Dios [...] me has dado la heredad
de quienes te honran.

SALMO 61.5 (NVI)

Tu verdadero linaje se extiende mucho
más allá de las ramas de tu propio
árbol familiar. Esto se debe a que tienes
una heredad espiritual al margen de
la física. Tu genealogía se remonta al
Antiguo Testamento, pasa por el Nuevo
Testamento, alrededor del mundo y
directamente hasta el día de hoy. Es
posible que conozcas a algunos de tus
hermanos y hermanas por su nombre.
A otros quizá no los conozcas hasta que
recorras con ellos las calles del cielo.
Pero los hijos de Dios son una familia,
vinculada por la fe y por un futuro eterno.

Sentimientos

Mírale; dale su más cálida sonrisa.
No le escondas jamás tus sentimientos.

SALMO 34.5 (MSG)

Se suele preguntar «¿Cómo estás?»; es una formalidad. Lo que se quiere escuchar es un «¡Bien!». Y nada más. Pero Dios quiere más que una familiaridad de pasada contigo. No solo te invita a compartir con él lo que quieres y lo que necesitas, sino también cómo te sientes. Te creó como mujer, con emociones complejas. No tienes por qué vacilar a la hora de compartir tus lágrimas o incluso un estallido hormonal con Aquel que te conoce de pies a cabeza y te ama.

Cuando mi mente se llenó de
dudas, tu consuelo renovó
mi esperanza y mi alegría.
SALMO 94.19 (NVI)

¿Qué te dicen hoy tus emociones? ¿Que no te aman? ¿Que eres insignificante? ¿Que eres un fracaso? ¿Que no tienes poder para cambiar? Lo que sientes no siempre es una medida exacta de la realidad. Cuando tus emociones intenten meterte en una montaña rusa, niégate. Pídele a Dios que te ayude a resolver lo que haya en tu mente y en tu corazón. Aférrate a aquello que Dios dice que es verdad y no a lo que tus volubles emociones te susurren en un día de baja autoestima.

Comunión

Te alabaré [...] en presencia
de tu pueblo fiel.
SALMO 52.9 (NVI)

Comunión es una palabra sofisticada para definir el reunirse con otros que aman a Dios. Es más que ir a la iglesia. Es hacer vida en común. Ya sea que se junten como grupo pequeño para tener estudio bíblico o simplemente para conversar en privado, tomando un café, sobre lo que Dios está haciendo en sus vidas, están experimentando comunión. Cuando se unen la fe y la amistad con sinceridad y autenticidad, las relaciones prosperan, entre tú y Dios y entre tú y tus hermanos y hermanas espirituales.

Yo te daré gracias en la gran asamblea;
ante una multitud te alabaré.

SALMO 35.18 (NVI)

Hay belleza y poder en acercarse a Dios cada mañana para hablar con él sobre el día que tenemos por delante. Pero solo eres una de las hijas de Dios. A veces es fabuloso reunir a la familia para orar juntos y adorar. Esto es exactamente lo que ocurre cada domingo, en las iglesias de todo el mundo. La familia de Dios se junta para una celebración de Acción de Gracias. Como cualquier reunión familiar, tu presencia aumenta el gozo. ¡Únete! La iglesia de Dios no sería la misma sin ti.

Finanzas

*Y si tus riquezas aumentan, no las
hagas el centro de tu vida.*

SALMO 62.10 (NVI)

El dinero es una herramienta importante.
Puedes usarlo para reparar tu automóvil,
pagar tu alquiler, o ayudar a poner
comida en la mesa. Pero solo es eso, una
herramienta. Amarlo sería como amar a
una llave de cubo. No puede devolverte
tu amor ni cambiarte. Solo puede hacer tu
trabajo. En última instancia, el verdadero
valor de una herramienta depende de
lo bien que la uses. Deja que Dios te
muestre cómo hacer un sabio uso de tus
finanzas.

No te asombre ver que alguien
se enriquezca y aumente el
esplendor de su casa.
SALMO 49.16 (NVI)

Se dice que «el dinero habla». A veces grita. Y bien fuerte. Las cosas que ayuda a comprar llaman la atención a quienes las tienen y quienes harían lo que fuera por conseguirlas. Pero el dinero no dice nada en absoluto sobre quién es la persona en realidad ni lo rico que él o ella sea en verdad. Tienes riquezas que exceden lo que hay en tu cuenta bancaria. Cada relación en la que inviertes, ya sea con Dios, con la familia o los amigos, es un tesoro que aumenta de valor con el tiempo.

Perdón

Tú, Señor, eres bueno y perdonador;
grande es tu amor por todos
los que te invocan.
SALMO 86.5 (NVI)

Que Dios sea perfecto puede ser
intimidante, sobre todo cuando
consideras que sabe todo lo que has
hecho en tu vida. Pero nuestro perfecto
Dios también es perfectamente
perdonador. No hay nada que puedas
hacer o hayas hecho que le haga
apartarse de ti. Cuando pides su
perdón, lo obtienes. Sin que tengas
que arrastrarte. Sin suplicar. Lo único
que tienes que hacer es acercarte a él
en humildad y verdad. Jesús ya se ha
ocupado del resto.

Tan lejos de nosotros echó nuestras
transgresiones como lejos del
oriente está el occidente.

SALMO 103.12 (NVI)

Imagínate una pizarra. Escribe en ella
todo lo que has hecho en tu vida en
contra de lo que Dios te ha pedido.
¿Qué verías escrito en ella? ¿Cómo de
grande sería la pizarra? Ahora imagínate
a Dios limpiándola de una pasada de su
mano. No queda nada, ni la imagen más
débil de una sola palabra. De esta forma
tan completa te ha perdonado Dios.
Cuando la culpa o la vergüenza por los
errores pasados amenacen con volver a
deslizarte en tu vida, recuerda la pizarra
vacía y regocíjate.

Libertad

Déjame correr suelto y libre,
celebrando la gran obra de Dios;
cada hueso de mi cuerpo se ríe y canta:
«Dios, no hay nadie como tú».

Salmo 35.9 (MSG)

Saber que te aman sin condición te libera.
Te invita a abandonar la inseguridad, a
relajarte y disfrutar siendo tú misma. Te
alienta a seguir adelante e intentarlo,
porque el fracaso no es más que una
pronunciada curva de aprendizaje. Al
descansar en la absoluta aceptación de
Dios, descubrirás la confianza y el valor
que necesitas para seguir esforzándote
y llegar más allá de quien eres hoy
y convertirte en la mujer que Dios
pretendía que fueras.

*Corro por el camino de tus
mandamientos, porque has ampliado
mi modo de pensar.*
SALMO 119.32 (NVI)

Supón que no hubiera leyes de tráfico.
Salir a dar un paseo en automóvil sería
un empeño peligroso. Los conductores
tendrían que pelear para abrirse camino
por la carretera. El tráfico sería un caos
y un embotellamiento. Seguir normas
puede parecer lo contrario a la libertad.
Pero sin reglas, la comunidad se convierte
en un caos. Seguir los mandamientos
divinos nos protege del daño y nos ayuda
a amar a Dios y también a los demás.
Nos libera para que podamos viajar por
el camino de la vida sin estorbos, sin
incertidumbre y sin inseguridad.

Amistad

*Y estas vidas escogidas por Dios
que me rodean, ¡qué espléndidos
amigos son!*

SALMO 16.3 (MSG)

Dale gracias a Dios por la amistad. De
forma literal. Pasar tiempo con aquellos
que entienden cómo sientes, recuerda
la mujer tan maravillosa que eres y
desafiarte a alcanzar el potencial que
te ha dado Dios es uno de los mayores
gozos de la vida. Ora con regularidad
por las mujeres que Dios trae a tu vida,
y pídele que te ayude a amarlas en
maneras que propicien el que estén más
cerca las unas a las otras y a él.

*¡Cuán maravilloso y hermoso es
cuando los hermanos y las
hermanas se juntan!*
Salmo 133.1 (MSG)

La sensación del papel de lija contra la
madera sin acabado es desagradable.
Ocurre lo mismo con la experiencia de
dos buenos amigos que tienen fricciones
entre sí de mala manera. Pero cuando
los amigos son auténticos y vulnerables
los unos con los otros, es normal que
ocurra... y es hasta bueno. Ayuda a sacar
nuestras debilidades a la luz. Colaborar
en suavizar las unas los bordes ásperos
de las otras y viceversa forma parte
del plan de Dios. Si la amistad va mal,
quédate cerca y ocúpate de la fricción.
Deja que el amor te ayude a crecer.

Productividad

Tu mujer será como vid que lleva fruto
a los lados de tu casa; Tus hijos como
plantas de olivo alrededor de tu mesa.

SALMO 128.3 (RVR1960)

Hay muchas formas de ser productiva o llevar fruto. Una de ellas es por medio de las relaciones. Ya sea con la familia, los amigos, los vecinos, los miembros de la iglesia o los compañeros de trabajo, lo que dices y haces puede ser los brotes que florecen en algo hermoso. ¿Con quién pasarás algún tiempo hoy? Cada encuentro es una oportunidad de plantar una semilla. ¿Será una simiente de aliento, gracia, fe y consuelo, o...? Pídele a Dios que te ayude a conocer el tipo de semilla que otros necesitan.

Y que el Señor nuestro Dios nos dé
su aprobación y haga que nuestros
esfuerzos prosperen; sí, ¡haz que
nuestros esfuerzos prosperen!
SALMO 90.17 (NTV)

Si plantas un manzano, probablemente
esperas disfrutar de su fruto algún día.
Sin embargo, esperar y hasta orar, no
garantizará una buena cosecha. Un árbol
necesita riego, poda y protección contra
insectos, el hielo y el granizo. Requiere
el don de la vida por parte de Dios y
tu amoroso cuidado. Lo mismo ocurre
con cualquier proyecto en el que estés
trabajando. Trabaja duro, ora mucho y
espera con paciencia el momento idóneo
de Dios. Luego, cuando llegue el tiempo
de la cosecha, recuerda darle las gracias.

Futuro

Todos mis días se estaban diseñando,
aunque no existía uno solo de ellos.
SALMO 139.16 (NVI)

La historia de tu vida está escrita de día en día. Cada elección que tomes influye en los capítulos que aún están por llegar. Pero una cosa es cierta... el final. Tu futuro se escribió en el momento en que escogiste seguir a Dios. Esto significa que el final de tu historia aquí en la tierra es, en realidad, un comienzo sin estrenar. Es una historia con capítulos sin final, un «feliz y eterno después» donde las lágrimas son historia y el verdadero amor nunca deja de ser.

Haces mi vida agradable
y mi futuro es claro.
SALMO 16.6 (CEV)

Se ha dicho que no sabemos lo que el futuro nos depara, pero que sabemos quién lo sostiene. El mañana no es un caldero de la suerte de posibilidades. La Biblia nos dice que Dios está obrando, produciendo algo bueno de cada situación que afrontan sus hijas. Conocer a un Dios que nos ama profundamente y que tiene el control, independientemente de lo que se cruce en nuestro camino, nos permite mantener la cabeza en alto y caminar hacia el futuro con confiada expectativa.

Generosidad

Bien le va al que presta con
generosidad, y maneja sus
negocios con justicia.

SALMO 112.5 (NVI)

Cuando adquieres la costumbre de compartir lo que Dios te ha dado, ocurre algo divertido. Cuanto más das, más cuenta te das de lo bendecida que eres y te vuelves más agradecida, y esto te inspira a compartir aún más de lo que tienes con los demás. Es un maravilloso ciclo que te hace soltar el agarre sobre tus cosas materiales para que, así, tus dos manos y tu corazón puedan alcanzar con mayor libertad a quienes te rodean.

*Una persona malvada pide
prestado y nunca devuelve;
una buena persona es generosa
y nunca cesa de dar.*

SALMO 37.21 (CEV)

El amor y la generosidad son dos caras de la misma moneda. Ambas ponen las necesidades de los demás antes que las suyas. Ambas dan sin esperar recibir nada a cambio. Ambas hacen que nuestro Dios invisible sea más visible para un mundo en necesidad. A medida que crece nuestro amor por quienes nos rodean, la generosidad no puede evitar imitarlo. Tómate hoy tiempo para tomar mayor conciencia de las necesidades de quienes están alrededor de ti. Luego, pídele a Dios que te ayude a actuar en lo que ves con amorosa generosidad.

Ternura

Tú eres mi Dios. Muéstrame
lo que quieres que haga,
y permite que tu tierno Espíritu me
dirija en el camino correcto.

SALMO 143.10 (CEV)

Dios no arrastra a sus hijas por la vida
agarrándolas por el puño como un
progenitor dominante con un programa
centrado en sí mismo. Dios nos guía
con amor, con ternura y tranquilidad. El
Espíritu de Dios susurra: «Ve por este
camino», cuando un versículo de las
Escrituras se cruza por tu mente. Con
ternura, va dándole empujoncitos a
nuestra conciencia para que hagamos
buenas elecciones y alcancemos a otros en
amor. Nos consuela en incontables formas
creativas que, quienes no le reconocen,
tachan de coincidencia. La ternura de Dios
nos recuerda que su poder siempre está
moderado por el amor.

Me diste asimismo el escudo de tu salvación; Tu diestra me sustentó, Y tu benignidad me ha engrandecido.
SALMO 18.35 (RVR1960)

Una fábula infantil describe al sol y al viento haciendo una apuesta: ¿Cuál de ellos conseguirá que un hombre se despoje de su abrigo? El viento sopla con venganza, usando su fuerza para intentarlo y forzar la mano del hombre. El sol se limita a brillar, invitando al hombre a quitarse lo que ya no necesita. Dios hace lo mismo con nosotras. Su ternura nos calienta hacia el amor y la fe. Cuanto más nos acercamos a Dios, más trataremos a los demás como él lo ha hecho con nosotras.

Bondad

Adora a Dios si quieres lo mejor;
adórale por abrir las puertas
a toda su bondad.

SALMO 34.9 (MSG)

En el libro de Éxodo, en el Antiguo
Testamento, leemos sobre Moisés, un
hombre al que Dios se refirió como
«amigo». Cuando pidió ver la gloria
divina, Dios le mostró su bondad. Más
tarde, el rostro de Moisés resplandecía
literalmente. Cuando adoramos a Dios,
tenemos un vislumbre de su bondad.
Nos centramos en quién él es, lo que ha
hecho y lo que ha prometido que está
aún por llegar, pero echar un vistazo
a la bondad de Dios bañará nuestros
corazones de gozo.

¡Solo tú eres mi Señor!
Todo lo bueno que tengo
es un regalo tuyo.
SALMO 16.2 (CEV)

¿Qué hay de bueno en tu vida? Considera cómo todo lo bueno que recibimos puede relacionarse con Dios. La familia. Los amigos. Los talentos. La capacidad de conseguir ingresos. Resulta fácil dar por sentadas las buenas cosas de nuestra vida, cuando enseguida culpamos a Dios cuando sentimos que todo va mal. La próxima vez que observes que te estás sintiendo feliz por algo bueno de tu vida, busca el papel que Dios ha jugado al ponerlo en tu camino.

Gracia

Teman al Señor, ustedes los de su
pueblo santo, pues los que le temen
tendrán todo lo que necesitan.
SALMO 84.11 (RVR1960)

Cuando un regalo va envuelto en
gracia, no lleva restricciones. Es el tipo
de regalo que Dios hace. No retiene la
vida eterna fuera de nuestro alcance
para provocarnos: «Si lo intentas con
más esfuerzo, puede ser tuyo». No nos
promete amarnos si nunca más volvemos
a echarlo todo a perder. No nos dice que
perdonará, pero se niega a olvidar. Dios
nos concede regalos que no merecemos,
porque su amor es más profundo de lo
que nuestros corazones y mentes pueden
abarcar.

Dios es bueno para todos y cada uno;
todo lo que hace está infundido
de gracia.

SALMO 145.9 (MSG)

Si la conductora que va delante de ti paga tu peaje inesperadamente, no puedes evitar sentirte en deuda con ella. Es una amabilidad que no merecías y que no puedes devolver. La muerte de Jesús en la cruz fue más que un acto aleatorio de bondad. Formaba parte de un plan eterno. Fue, asimismo, un regalo de gracia. Jesús pagó un alto peaje por tus pecados. No puedes devolvérselo. Lo único que puedes hacer es aceptar con gratitud lo que él da.

Dirección

*El Señor dice: «Te guiaré por el
mejor sendero para tu vida;
te aconsejaré y velaré por ti».*
SALMO 32.8 (NTV)

Cuando haces un safari, una guía
experta te conducirá al mejor punto de
observación desde donde ver la vida
salvaje, te informa sobre lo que estás
viendo y te protege del peligro. Dios es
como el guía de un safari que nunca se
aparta de tu lado. Conoce tanto los gozos
como los peligros que te rodean. Por
medio de su Espíritu y de las Escrituras,
Dios te guiará hacia una vida de maravilla
y aventura. Permanece pegada a él y
permítele que te dirija.

Bendeciré a Jehová que me aconseja;
Aun en las noches me enseña mi
conciencia.
SALMO 16.7 (NTV)

Supón que, en un curso de primeros
auxilios, aprendes a hacer Recuperación
Cardiopulmonar. Años más tarde, cuando
un niño está a punto de ahogarse en la
piscina del vecino, entras de inmediato en
acción. Sabes exactamente qué hacer. Lo
mismo ocurre con la Biblia. Cuanto más
familiarizada estés con las palabras de
Dios, con mayor facilidad te vendrán a la
mente cuando más las necesites. Cuando
no estés segura de adónde acudir,
recurre a la Biblia. Te ayudará guiándote
hacia donde quieres ir en última instancia.

Felicidad

*¡Vive una vida feliz! Mantén
tus ojos abiertos para Dios,
estate atenta a sus obras, alerta a
las señales de su presencia.*

SALMO 105.3-4 (MSG)

Los bebés suelen sonreír cuando ven el
rostro de su madre. Captar un vislumbre
de Dios puede tener el mismo resultado
en nosotros. Puede dar felicidad a
nuestro corazón. A pesar de ello, la
presencia de Dios es mucho más sutil
que la de un progenitor humano. Dios
se revela en formas silenciosas, como la
respuesta a una oración, la gloria de una
puesta de sol o el regalo de una nueva
amiga. Mantén tus ojos abiertos. Dios
está siempre presente y manos a la obra
en tu vida.

Me has ayudado y canto
alegres cánticos
bajo la sombra de tus alas.
SALMO 63.7 (CEV)

La felicidad puede ser contagiosa. ¿Por qué no extender un poco de la tuya a tu alrededor? Considera las formas en que Dios te ayuda a nutrir un corazón feliz. ¿Cómo te ha consolado, alentado, fortalecido? Si eres feliz, compártelo. Dile a alguien cercano a ti lo que Dios ha hecho. Sonríe cálidamente a aquellos que se crucen en tu camino. Sorprende a alguien con un regalo solo porque sí. Dale gracias a Dios por las pequeñas cosas como la capacidad de sentirte feliz.

Salud

Puede fallarme la salud y
debilitarse mi espíritu,
pero Dios sigue siendo la fuerza de mi
corazón; él es mío para siempre.

SALMO 73.26 (NTV)

Tu cuerpo es asombrosamente resistente, y, a pesar de todo, tan frágil. Moldeado por la amorosa mano creadora de Dios, no fue designado para que durase. Pero tú sí. Por esta razón, eres mucho más que tu cuerpo. Sin embargo, Dios cuida de toda tú, de tu cuerpo y de tu alma. Aunque te falle la salud, él no lo hará. Está cerca. Oye cada oración, incluso aquellas que no te atreves a pronunciar. Recurre a él. Su esperanza y su sanidad van más allá de esta vida... a la siguiente.

Él renueva nuestras esperanzas
y sana nuestros cuerpos.
SALMO 147.3 (CEV)

La buena salud es cuestión de oración
y, a la vez, de práctica. Como en todos
los detalles de nuestra vida, Dios quiere
que compartamos con él nuestras
preocupaciones de salud. Nuestra
forma de cuidar un regalo revela lo que
de verdad sentimos por quien nos lo
ha dado, y también por lo que hemos
recibido. Practicar hábitos saludables es
una nota de agradecimiento a Dios por
regalarnos la vida.

Ayuda

Haz algo, Señor Dios,
y usa tu poderoso brazo
para ayudar a los que
están en necesidad.

Salmo 10.12 (CEV)

Dios ordenó que el cosmos fuera, y fue. Creó el ciclo de las mareas. Insufló vida en lo que hasta entonces no era más que polvo. Ese mismo Dios asombroso está extendiendo hoy su mano para ofrecerte su ayuda. Quizá el objeto de tu oración sea tus propias necesidades. O tal vez se trate de aquellos por los que te preocupas, pero a los que no sabes cómo ayudar. Dios es lo bastante poderoso y amoroso para hacer lo imposible.

Tú oyes los anhelos de los que sufren.
Les ofreces esperanza y prestas
atención a sus gritos pidiendo ayuda.

<small>SALMO 10.17 (CEV)</small>

¡Ayuda! es una oración que todo corazón
sabe cómo elevar, hasta aquellas que no
tienen claro si hay un Dios escuchándolas.
Es un grito que reconoce que la vida
escapa a nuestro control y una esperanza
profundamente arraigada de que Alguien
está totalmente a cargo. Nuestros gritos
desesperados no se evaporan. Dios
oye cada oración, ve cada lágrima y no
vacila en actuar. Las respuestas de Dios
y sus tiempos no siempre son los que
esperamos, pero son lo que necesitamos.

Sinceridad

Ábrete delante de Dios,
no retengas nada;
él hará lo que haya que hacer.

SALMO 37.5 (MSG)

A Dios no puedes esconderle un secreto. Él te conoce por dentro y por fuera. Esto no significa que no puedas intentar ocultarle algo. Tal vez haya cosas que preferirías no tratar: ámbitos de vergüenza, de amargura o de rebeldía. Él nunca se abrirá camino a la fuerza en esas partes de tu corazón. Está aguardando una invitación. Si eres sincera en cuanto a querer un verdadero cambio en tu vida, no esperes más. Ábrete delante de Dios. La gracia, el perdón y la sanidad son tuyos solo con pedirlos.

*Piensa en el brillante futuro que
espera a todas las familias
de personas sinceras, inocentes y
amantes de la paz.*
SALMO 37.37 (CEV)

La sinceridad es más que limitarse a decir
la verdad. Cuando te conformas a las
expectativas de quienes te rodean, en
lugar de centrarte en madurar para ser
el individuo que Dios quiso que fueras,
le estás robando al mundo algo que no
tiene precio: un regalo exclusivo... tú.
También te estás privando del gozo y
de la libertad que vienen de cumplir el
potencial que Dios te ha dado. Cuando se
trata de ser tú de verdad, la sinceridad es
ciertamente la mejor política.

Esperanza

Bienaventurado aquel cuyo ayudador
es el Dios de Jacob, Cuya esperanza
está en Jehová su Dios.

Salmo 146.5 (NTV)

Algunas personas ponen su esperanza en la seguridad económica. Otras confían en que su popularidad, sus capacidades o sus contactos las lleven donde quieren llegar. Otras aun tienen la seguridad de que si desean algo con todas sus fuerzas, sencillamente lo conseguirán. Pero solo aquellas que depositen su esperanza en Dios pueden afrontar el mañana sin temor al futuro. Cuando confías en él, haces más que esperar lo mejor. Reposas al saber que lo mejor de Dios es su plan para tu vida.

*El Señor está presente para
rescatar a todos los
que están desalentados y han
abandonado la esperanza.*

SALMO 34.18 (CEV)

Resulta fácil desalentarse cuando una se
centra en las dificultades que persisten
día tras día. Por eso es tan importante
volver a conectar con Dios cada mañana.
Pasar tiempo juntos te recuerda que
un Dios omnisciente y todopoderoso
está cerca de ti, preparado y capaz de
socorrer. Te ayuda a filtrar lo trivial de lo
eterno. Restaura la esperanza a su lugar
adecuado en tu vida, donde pueda hacer
brillar la luz de la bondad y la fidelidad de
Dios para contigo.

Humildad

Aunque el Señor es grande, se ocupa
de los humildes, pero se mantiene
distante de los orgullosos.

SALMO 138.6 (NTV)

Hija amada y rebelde; amiga fiel y competidora egocéntrica; totalmente perdonada, caprichosa e imperfecta; un milagro que no tiene precio, nada más que polvo: eres la suma de todas estas cosas y más. Reconocer que eres una loca mezcolanza de debilidad y fuerza supone un paso adelante hacia la humildad. Después de todo, la verdadera humildad no es considerarte menos significante que las demás. Es verte como Dios te ve, nada más y nada menos que como eres de verdad.

Cabalga con majestad hacia la victoria
y defiende la verdad, la humildad y la
justicia. ¡Avanza para realizar
obras imponentes!

SALMO 45.4 (NTV)

Recordar que solo Dios es Dios nos
mantiene humildes. Suena bastante
simple. Sin embargo, con demasiada
frecuencia intentamos quitarle el volante
a Dios y dirigir nuestras vidas en la
dirección que nos parece indicarnos que
seremos más felices, en lugar de hacer
lo que Dios nos pide. Invita a Dios a que
saque a la luz cualquier ámbito de tu vida
donde el orgullo te esté llevando en la
dirección incorrecta. Pídele que te revele
lo grande que es.

Integridad

Felices son los íntegros, los que siguen las enseñanzas del Señor.

SALMO 119.1 (NTV)

La cultura moderna nos dice que las «niñas traviesas» son las que más se divierten. No lo creas. Una vida egocéntrica es una vida vacía. Cuando escoges seguir a Dios y vivir una vida de integridad, el pesar ya no llama más a tu puerta. En su lugar encuentras gozo. No tienes que preocuparte de que tu pasado te alcance o que salga a la luz una media verdad. Estás dispuesta a vivir la vida a tope, una vida en la que el amor y el respeto se dan y se reciben gratuitamente.

Tendré cuidado de llevar una vida
intachable, ¿cuándo vendrás a
ayudarme? Viviré con integridad
en mi propio hogar.
SALMO 101.2 (NTV)

Quizá resulte interesante observar a los camaleones en los canales de documentales, pero no son algo que merezca la pena de emular en lo que a carácter se refiere. La coherencia en nuestra forma de vivir la vida —ya sea en el trabajo, en casa con la familia o fuera de la ciudad con amigas— es un sello de integridad. Si nuestra forma de actuar depende de con quién estemos, es posible que estemos procurando la aprobación de los demás en lugar de buscar a Dios. En términos de integridad, ¿qué aprobación estás intentando lograr hoy?

Gozo

*Tú haces cantar de júbilo
a la aurora y al ocaso.*

SALMO 65.8 (NVI)

La felicidad suele ser el resultado de las circunstancias. El gozo, sin embargo, burbujea de forma espontánea, y a menudo persiste a pesar de la circunstancia. Es un entusiasmo que hierve a fuego lento bajo la superficie, una seguridad de que Dios está obrando detrás de bambalinas, un contentamiento que se va profundizando a medida que descubres tu lugar en el mundo. Cuan más a gusto te sientas con Dios, más gozo anidará en tu corazón; es un oportuno recordatorio de que él está cerca.

*Tú has cambiado mi lamento en
danza; has desatado mi cilicio
y me has ceñido de alegría.*
SALMO 30.11 (NVI)

Algunas etapas de la vida tiran de ti hacia
las sombras. Pero Dios quiere ayudarte a
volver a la luz, no porque no debas llorar,
sino porque cada fase anuncia un nuevo
comienzo. Hay gozo por delante, incluso
aunque no puedas verlo ni sentirlo en
estos momentos. Cada día te acerca más
a esas primeras emociones de gozo.
Estate atenta a ellas. Espéralas. Pídelas
en oración. Luego celebra su llegada con
agradecimiento y alabanza.

Justicia

*Las palabras de sabiduría
llegan cuando las buenas
personas defienden la justicia.*

SALMO 37.30 (CEV)

Se requiere valor para defender lo que es correcto, sobre todo si eres la única voz que se levanta en la multitud. Pero las palabras tienen poder. Pueden ayudar a sacar a relucir la injusticia. Pueden alentar a que otros se posicionen. Pueden incitar el cambio. Pero el motivo correcto es exactamente igual de importante que las palabras adecuadas. Efesios 4.15 nos dice que hablemos «la verdad en amor». La verdad atemperada con amor es el agente perfecto del cambio.

*El Señor hace justicia, y juicios a favor
de todos los oprimidos.*
SALMO 103.6 (CEV)

Si ver los informativos de la noche te
deja con la sensación de que la vida no
es justa, tómalo como señal de haber
heredado el sentido de justicia de tu
Padre celestial. La forma en que las
personas son tratadas en este mundo
no siempre es justa o amorosa. A veces
se las utiliza, se abusa de ellas y luego
se desechan. Pero con Dios, la justicia
prevalecerá. Dios conoce la historia de
cada persona y endereza las cosas en su
tiempo perfecto y en sus formas sabias y
amorosas.

Benignidad

Descubre por ti mismo que el Señor es bueno. Ven a él para que te proteja y serás feliz.

SALMO 34.8 (CEV)

La benignidad convierte la crítica en aliento, las malas noticias en palabras de consuelo, y la disciplina en momentos enseñables. Esto se debe a que la benignidad busca algo más que resultados. También tiene que ver con el corazón de las personas. El plan de Dios para ti es mayor que ser una «buena persona». Puedes confiar en que Dios es un Padre amoroso y no un capataz insensible, porque la amplitud de su bondad brota de lo profundo de su amor.

¡Alabo al Señor con todo mi corazón!
Jamás olvidaré lo benigno que ha sido.
SALMO 103.2 (CEV)

La amabilidad es un lado silencioso del amor. No es llamativo ni exige el centro del escenario. Con frecuencia sirve detrás de bambalinas supliendo las necesidades, ofreciendo una palabra de aliento o un abrazo espontáneo. Algunas veces, la benignidad incluso viaja de «incógnito». Del mismo modo, la bondad que Dios derrama sobre nuestras vidas suele caer en la categoría de los anónimos. Son las coincidencias, los placeres inesperados, las cosas pequeñas que levantan nuestros corazones durante un día difícil. ¿Con cuánta benignidad ha enriquecido Dios tu vida esta semana?

Liderazgo

Guiaste a tu pueblo como
a un rebaño de ovejas,
y escogiste a Moisés y a Aarón para
que fueran sus líderes.

SALMO 77.20 (CEV)

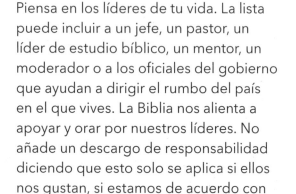

Piensa en los líderes de tu vida. La lista puede incluir a un jefe, un pastor, un líder de estudio bíblico, un mentor, un moderador o a los oficiales del gobierno que ayudan a dirigir el rumbo del país en el que vives. La Biblia nos alienta a apoyar y orar por nuestros líderes. No añade un descargo de responsabilidad diciendo que esto solo se aplica si ellos nos gustan, si estamos de acuerdo con ellos o si los votamos. ¿Cómo quiere Dios que ores hoy por tus líderes?

No pongas tu vida en manos de expertos que no saben nada de la vida, de la vida de salvación.

SALMO 146.3 (MSG)

Aquellos a los que elegimos seguir tienen poder sobre nosotros. Su influencia puede afectar a nuestros actos, así como a nuestra forma de pensar. Puede ayudar a que nos acerquemos o a alejarnos aún más de Dios. Pero, en ocasiones, ni siquiera somos conscientes de a quién estamos dejando liderar. Las celebridades, los expertos en diversos campos, los medios de comunicación, los amigos carismáticos... ¿de quién estás siguiendo las pisadas? Pídele a Dios que te ayude a discernir quién es digno de liderar tu camino aparte de él.

Aprender

Yo te instruiré, yo te mostraré el camino que debes seguir; yo te daré consejos y velaré por ti.

SALMO 32.8 (NVI)

Para aprender tienes que escuchar. ¿De verdad estás prestando oído a lo que Dios intenta enseñarte? Ya sea leyendo la Biblia, escuchando un mensaje en la iglesia, o recibiendo consejo de alguien que está más abajo que tú en el camino de la fe, siempre hay algo más que aprender. Prepara tu corazón con oración. Pídele a Dios que te ayude a entender con claridad lo que necesitas aprender y después actúa con arreglo a lo que has escuchado.

Los justos ofrecen buenos consejos;
enseñan a diferenciar entre
lo bueno y lo malo.
SALMO 37.30 (NVI)

¿Quieres correr una maratón? Habla con las que lo hayan hecho antes. Saben cómo entrenarse, qué calzado comprar y qué esperar cuando llega el gran día. Lo mismo ocurre si quieres recorrer la distancia con Dios. Cuando conoces a personas que llevan muchos años siguiendo a Dios, hazles preguntas. Descubre lo que han aprendido, contra qué han luchado y cómo estudian la Biblia. Puedes hacer muchas nuevas amistades, a la vez que obtienes consejo piadoso.

Vida

*Enséñanos contar con sabiduría
todo el tiempo
que tenemos.*

SALMO 90.12 (CEV)

¿Quieres vivir la vida de un modo que honre a Dios? Hay tantas opciones que resulta difícil saber qué hacer. Pero, en Mateo 22.37-39, Jesús resume el propósito de la vida diciendo que debemos amar a Dios y a los demás. Sopesar en oración las elecciones que tenemos por delante frente a estos dos mandamientos puede ayudarnos a tomar decisiones sabias. Desconocemos lo larga que será nuestra vida, pero con el amor por meta, estamos seguras de hacer un buen uso de nuestro tiempo.

¿Quién es el hombre que desea
vida, Que desea muchos días
para ver el bien?
SALMO 34.12 (RVR1960)

Dios es asombrosamente creativo y su
amor es incomparable. Tener a Alguien
así que diseñe un plan para tu vida
es una perspectiva apasionante. Dios
promete que tienes buenas cosas por
delante. Con esa promesa basta para
que cada mañana sea como un cofre
lleno de tesoro esperando ser abierto.
Acoge cada nuevo día con expectativas.
Invita a Dios a que se una a ti en tu
búsqueda de los tesoros extraordinarios
que él ha dispersado incluso por los días
más corrientes.

Soledad

Estoy solo y afligido.
Muéstrame que te importo y ten
piedad de mí.

SALMO 25.16 (CEV)

En Génesis leemos acerca de la creación.
Dios confirmó que todo lo que había
hecho era «bueno», con una excepción.
Declaró que no era bueno que Adán
estuviera solo. Dios diseñó a las personas
para que tuvieran relación entre sí y
con él. Cuando te estás sintiendo sola,
Dios está de acuerdo: No es bueno.
Pídele que ponga una nueva amiga en
tu camino y que te ayude a conectar más
profundamente con las que ya estén en
tu vida. Por ahora, invita a Dios para que
supla tu necesidad más honda.

Siempre puedo contar contigo, Dios,
mi amor del que dependo.
SALMO 59.17 (MSG)

Cuando te sientas sola, imagínate a Dios
a tu lado, en la habitación. Háblale como
lo harías con una amiga querida. Si orar
en voz alta hace que te sientas incómoda,
escribe en un diario o una nota de amor
a Dios que puedas meter en tu Biblia.
Lee el libro de Salmos. Ve qué tienen que
decirle otras personas a Dios cuando
se sienten como tú. Recuerda, Dios está
contigo, seas consciente de su presencia
o no.

Amor

Tan grande es su amor por los
que le temen como alto es
el cielo sobre la tierra.

SALMO 103.11 (NVI)

Es difícil de entender cuán profundamente
se preocupa Dios por nosotros, porque
nuestra experiencia de amor de primera
mano procede de relaciones con
personas imperfectas. Pero el amor de
Dios es diferente. Con Dios, no tenemos
por qué temer a la condenación, al
malentendido o al rechazo. Él entiende
por completo lo que decimos y cómo nos
sentimos, y nos ama sin condición. Dado
que Dios nunca es voluble ni egocéntrico,
podemos arriesgarnos abrir todas las
partes de nuestra vida a él. Podemos
exponernos a regresar al amor que tan
gratuitamente nos da.

*Soy como un olivo que crece en la casa
de Dios y puede contar para
siempre con su amor.*

SALMO 52.8 (CEV)

¿Cómo puedes amar a alguien a quien
no ves ni oyes, ni tocas? Del mismo modo
en que amas a un niño que no ha nacido
aún. Te enteras de todo lo que puedes
sobre cómo es esa criatura. Le hablas
aunque no te responde. Cuando por fin
estás cara a cara, descubres que ya lo
amas. Sí, puedes amar a alguien a quien
todavía no puedes ver. En cuanto a Dios,
su amor por ti trasciende la eternidad.
Eres la hija que él ha amado desde antes
de que existiera el tiempo.

Misericordia

Ciertamente el bien y la misericordia
me seguirán todos los días de mi vida,
Y en la casa de Jehová moraré
por largos días.

SALMO 23.6 (RVR1960)

En los melodramas antiguos y los filmes clásicos, los canallas arrepentidos se abandonan a la misericordia del tribunal. Esto significa que conocen lo incorrecto de sus actos, que no hay posibilidad de enmendarlos y que su única esperanza de redención es pedir a la corte de justicia que extiendan aquello que no merecen: misericordia. Dios extiende su misericordia cada día hacia nosotros. Nos ha sentenciado a vida —la vida eterna— y a la libertad de crecer al amparo de su amor.

Si digo: Mi pie ha resbalado, tu misericordia, oh Señor, me sostendrá.
SALMO 94.18 (LBLA)

La seguridad consiste en plantarte en un sillón reclinable e interactuar con el mundo a través de un televisor de gran pantalla. Ninguna relación real que te decepcione o te desafíe a crecer. Nada que arriesgar, y, por tanto, ninguna ocasión de fallar. Sin embargo, no encontramos en lugar alguno de las Escrituras la inactividad como plan divino para nuestras vidas. Estamos diseñados para vivir, amar y crecer. A lo largo del camino, también caemos. Forma parte de nuestra condición humana. La misericordia de Dios nos proporciona el valor de arriesgarnos a intentarlo de nuevo.

Naturaleza

*Él determina el número de las estrellas
y a todas ellas les pone nombre.*

SALMO 147.4 (NVI)

Como un niño que escoge cuidadosamente
la cera de color plateado para dibujar
al perro con estrellas por ojos, la obra
artística de Dios es una expresión de
su identidad. Exhibe su creatividad, su
atención por los detalles, su amor por la
diversidad, una organización meticulosa
y hasta su sentido del humor. Tomarse
el tiempo de contemplar la hermosura
y la complejidad de la naturaleza puede
ayudarte a tener una imagen más clara de
cómo es Dios. Es un artista a la vez que
Padre, Salvador y amigo.

El Señor tan sólo habló y los cielos fueron creados. Sopló la palabra, y nacieron todas las estrellas.

SALMO 33.6 (NTV)

Génesis nos dice que Dios habló, y de la nada surgió algo. Pero ese «algo» no fue cualquier cosa. Fue el trabajo artístico divino de la creación. Toda la creación, desde el más diminuto microbio a la nebulosa más expansiva, es maravillosa en el más pleno sentido de la palabra. Tómate tiempo para apreciar el prodigio que Dios ha entretejido para crear el mundo. Pasea por un parque. Llena un jarrón de flores frescas. Ten una mascota. Planta una petunia. Luego, dale gracias a Dios.

Paciencia

Sé paciente y confía en el Señor.
No permitas que te moleste ver que les
va bien a aquellos que hacen
cosas pecaminosas.

SALMO 37.7 (CEV)

Cuando nos topamos con el conflicto
o la injusticia, queremos resolución.
Queremos que las relaciones se arreglen
y que los errores se enmienden.
Queremos que los villanos paguen y que
las víctimas sanen. Ahora. Querer que
esta vida se parezca al cielo es un deseo
fomentado por Dios. Pero el hecho es
que no estamos aún en casa. Si esperas
impaciente el cambio de una situación,
ora para que Dios te dé perspectiva, haz
lo que puedas y después confía en él
para que lo resuelva en su tiempo y a su
manera.

Mis ojos se esfuerzan por ver tu
rescate, por ver la verdad de
tu promesa cumplida.
SALMO 119.123 (NTV)

En una época de comidas cocinadas en microondas, acceso instantáneo y tarjetas de cajeros automáticos, la paciencia se está convirtiendo, a pasos agigantados, en una virtud perdida. ¡Dios nos libre de vernos obligados a usar un acceso discado en lugar de la banda ancha! Sin embargo, la espera forma parte del plan de Dios. Requiere tiempo que los bebés maduren, que las estaciones cambien, que la fruta madure, y, en ocasiones, que las oraciones reciban respuesta. Tener que esperar el momento de Dios nos recuerda que él no es nuestro genio dentro de una botella. Es nuestro Señor soberano.

Paz

*Pero dales mucha alegría a los que
vinieron a defenderme; que todo el
tiempo digan: «¡Grande es el Señor,
quien se deleita en bendecir
a su siervo con paz!».*

SALMO 35.27 (NTV)

La paz de Dios que se derrama en
aquellos que le siguen es más profunda
que la paz de la mente. Se desborda
hasta convertirse en paz de corazón.
Al confiar un poquito más cada día
en Dios, depositar las cosas que más
te importan en sus manos amorosas
hará que vayas liberando tu necesidad
de controlar, una tendencia hacia la
preocupación y un temor por el futuro.
En su lugar, descubrirás el consuelo de
sentirte atendida como el niño que se ve
sostenido por el abrazo protector de uno
de sus progenitores.

Pero dales mucha alegría a los que vinieron a defenderme; que todo el tiempo digan: «¡Grande es el Señor, quien se deleita en bendecir a su siervo con paz!».

SALMO 85.10 (NVI)

Cuando sigues la dirección de Dios y haces lo que sabes que él quiere que hagas, descubres un lugar de paz. Las luchas externas pueden continuar, pero en tu interior te puedes relajar. Has hecho lo que has podido con lo que Dios te ha dado... y con eso basta. Escucha el susurro de Dios que te dice: «Bien hecho, mi hermosa hija». Está ahí. Descansa en ese lugar de paz y permítete celebrar lo lejos que has llegado y anticipar lo que queda aún por delante.

Perseverancia

¡Permanece con Dios! Anímate.
No abandones. Te lo repetiré:
Permanece con Dios.

SALMO 27.14 (MSG)

La vida es breve, pero algunos días parecen durar eternamente. Cuando te enfrentas a un día difícil, no lo hagas sola. Echa una buena mirada a tu agotamiento, tu ansiedad y tus temores. Imagínate entregándolos, uno por uno, en las manos de Dios. Luego, echa un vistazo objetivo a lo que necesitas hacer hoy. Invita a Dios a que se una a ti al dar un paso tras otro para llevar a cabo lo que tienes por delante. A lo largo del día, recuerda que Dios está justo a tu lado.

*Considérate afortunado; ¡cuán
contento debes estar: se te ha dado
un nuevo comienzo, tu pizarra
ha sido limpiada!*
SALMO 32.1 (MSG)

Resulta difícil seguir progresando cuando arrastras un equipaje que te sobrecarga. Dios quiere ayudarte a descartar lo que no necesitas. La inseguridad, la culpa, la vergüenza, los malos hábitos, los errores pasados, déjalos a un lado del camino. Jesús ya ha pagado el precio de su eliminación. Una vez que tu pasado ha quedado verdaderamente atrás, descubrirás que te resulta más fácil perseverar. Acometer un día después de otro es rotundamente factible con la ayuda de Dios.

Poder

Mi poder y mi fuerza vienen del Señor,
y él me ha salvado.

SALMO 118.14 (CEV)

Moisés dividió el mar Rojo. Pedro caminó sobre las olas. David mató a un gigante con una sola piedra. El poder de Dios fue la fuerza que estaba detrás de todos ellos. ¿Cómo obrará el poder divino por medio de ti? Tal vez vencerás una adicción, te enfrentarás al temor de hablar en público, perdonarás lo que parece imperdonable, servirás a los sin hogar, o conducirás a alguien a una relación más estrecha con Dios. Cuando le honras por medio de lo que haces, puedes estar segura de que su poder está obrando en ti.

¡Solo tú eres Dios! Y solo tu poder,
tan grande y temible,
es digno de ser alabado.
<small>SALMO 99.3 (CEV)</small>

El poder de Dios tiene mayor potencia que cualquier cosa creada. Después de todo, Dios se limitó a hablar y la fuerza de sus palabras hizo que todo lo demás existiera. Ese tipo de poderío puede mover montañas o cambiar vidas. El poder de Dios está obrando para ayudarte a realizar cosas que jamás habrías soñado hacer tú sola. Dondequiera que Dios te conduzca, te proveerá el poder que necesitas para llevarlo a cabo.

Alabanza

*Vale más pasar un día en tus atrios
que mil fuera de ellos; prefiero cuidar
la entrada de la casa de mi Dios que
habitar entre los impíos.*

SALMO 84.10 (NVI)

¿Qué palabras utilizarías para describir a Dios? Amar. Perdonar. Poderoso. Creativo. Sabio. Misericordioso. Eterno. Glorioso. Confiable. Veraz. Compasivo. Fiel. Amigo. Padre. Salvador. Cualquier término en el que puedas pensar es una razón para alabar. Cuando ores, comparte con Dios algo más que una lista de peticiones. Dile lo mucho que significa para ti. Escoge un atributo divino y coméntale cómo ese rasgo de su carácter ha marcado la diferencia en tu vida.

Canten al Señor un cántico nuevo,
porque ha hecho maravillas. Su diestra,
su santo brazo, ha alcanzado la victoria.
SALMO 98.1 (NVI)

Considera la amplia variedad de formas
en que podemos decirles a las personas
que nos encanta cómo son: enviar flores,
alquilar a un acróbata aéreo que haga
letras con la estela, escribir un poema,
proclamarlo vía Twitter, enviar una
tarjeta, compartir un abrazo. Y la lista
sigue, y sigue. Esto mismo es verdad con
respecto a las maneras como podemos
alabar a Dios. Podemos orar, cantar,
danzar, escribir nuestro propio salmo,
usar los talentos y los recursos recibidos
de él de formas que le honren. ¿De qué
nueva manera alabarás hoy a Dios?

Oración

*Me he lanzado de cabeza a tus brazos;
estoy celebrando tu rescate. Canto
a todo pulmón; ¡estoy tan lleno de
oraciones contestadas!*

SALMO 13.5-6 (MSG)

Cuando oramos, esperamos que
ocurran cosas... y suceden. Invitar al
Creador del universo a que se implique
íntimamente en los detalles de tu día
es una empresa misteriosa y milagrosa.
Pero la oración no es una herramienta.
Es una conversación. Dios no es nuestro
todopoderoso planificador personal que
nos ayuda a gestionar nuestra vida con
mayor eficiencia. Es Alguien que nos
ama. Cuando oras, recuerda que le estás
hablando a Alguien que disfruta de ti, a la
vez que te cuida.

Dios está ahí, escuchando a todos los que oran, a todos los que oran de corazón.

SALMO 145.18 (MSG)

Dios siempre está atento, escuchando la voz de sus hijos. Como la madre que escucha llorar a su hijo a través de un intercomunicador en medio de la noche, Dios actúa sobre lo que oye. Se acerca para consolar, proteger y guiar. No vaciles jamás a la hora de llamarlo, en cualquier momento, en cualquier lugar. No le incomodan tus preguntas ni le desalienta un desbordamiento de emociones. Lo que toca tu vida, lo toca a él.

La presencia de Dios

*Mi alma tiene sed de Dios, del
Dios viviente; ¿cuándo vendré y me
presentaré delante de Dios?*

SALMO 42.2 (NVI)

Cuando estás enamorada, anhelas
estar con aquel que ha cautivado tu
corazón. Poca diferencia hace que estés
compartiendo una suntuosa cena de
crucero a la caída del sol o que estés
trabajando arduamente para acabar una
tarea rutinaria. Lo que importa es estar
juntos. Cuando conocemos a Dios por
primera vez, ansiamos pasar tiempo con
él, por lo que provee. Pero cuanto más
largo sea el rato en su presencia, más lo
deseamos sencillamente por quién él es.

Clamo a Dios para que me ayude.
Desde su palacio él oye mi clamor;
Mi llanto me lleva directamente a su
presencia, ¡una audiencia privada!
SALMO 18.6 (MSG)

Te puede resultar difícil imaginarte en la presencia de Alguien a quien no puedes ver. Pero la Biblia nos asegura que Dios está cerca. Su Espíritu no solo nos rodea, sino que se mueve dentro de nosotras. Cuando la presencia de Dios se siente distante, recuerda que tus sensaciones no son un calibrador exacto de la verdad. Lee los salmos para recordar que otros se han sentido como tú. Luego, sigue el ejemplo de los salmistas. Sigue alabando a Dios y progresando en fe.

Protección

*El ángel del Señor acampa en torno a
los que le temen; a su lado
está para librarlos.*

SALMO 37.4 (NVI)

En la Biblia leemos sobre seres angelicales
que actuaron como mensajeros y
guerreros de Dios. Lejos de ser lindos
y pequeños querubines que no hacen
más que pulsar sus arpas sobre nubes de
algodón, nos encontramos con ángeles
que blanden espadas y que tienen rostros
fieros como leones. Pero el mensaje que
comunican continuamente a los hijos
de Dios es: «No tengas miedo». Cuando
necesites protección, recuerda que hay
mucho más de lo que se ve a simple
vista. Los ángeles de Dios te guardan las
espaldas.

*Pero que se alegren todos los que en
ti buscan refugio; ¡que canten siempre
jubilosos! Extiende tu protección,
y que en ti se regocijen todos
los que aman tu nombre.*

SALMO 5.11 (NVI)

En el Antiguo Testamento, Dios designa
ciudades de refugio. Eran lugares adonde
podían huir las personas que habían
matado accidentalmente a alguien.
Allí estarían a salvo de la venganza de
furiosos parientes hasta que recibieran
un juicio justo o hubieran demostrado
su inocencia. Dios es un lugar de refugio
para sus hijos. Independientemente de
lo que sucede, estás bajo la protección
de Dios. Huye a él en oración cuando te
sientas bajo ataque. Dios proporciona un
puerto seguro donde la verdad saldrá a
la luz.

Provisión

Cada día que vivimos, él suple
nuestras necesidades y nos
da la fuerza de un águila joven.
Salmo 103.5 (cev)

¿Qué necesitas hoy? Ya sea el dinero para pagar una factura inminente o el valor de tener una conversación difícil con una amiga, Dios quiere proporcionarte lo que necesitas. Comparte tu corazón con él. Pero antes de apresurarte a otras cosas, siéntate en silencio y escucha. Dios puede revelarte hoy que puedes trabajar con él para suplir esa necesidad. Puede ser que él también quiera ayudarte a compartir con otros lo que él ya te ha provisto con tanta generosidad.

*Él cubre los cielos con nubes, provee
lluvia a la tierra, y hace crecer la hierba
en los pastizales de los montes.*
SALMO 147.8 (NTV)

Dios provee para nosotros de tantas
formas que resulta fácil darlas por
sentadas. Que el sol se levante cada
mañana, alentando el crecimiento de
las cosechas, o que nuestro corazón dé
su siguiente latido y nuestros pulmones
su siguiente respiración solo son unos
pocos de los innumerables regalos que
recibimos de la mano todopoderosa de
Dios. A medida que va pasando tu día,
considera las formas grandes y pequeñas
en que Dios suple tus necesidades.
Luego, tómate tiempo al final del día para
darle las gracias.

Propósito

Clamo al Dios Altísimo,
al Dios que me brinda su apoyo.
SALMO 57.2 (NVI)

Una mujer hermosa como tú fue creada para algo más que decorar. Fuiste creada con un propósito. No se trata de un trabajo específico para el cual Dios te haya designado. Es más parecido a un punto único que solo tú puedes llenar. Dios está trabajando contigo, alentándote a crecer para que puedas ocupar ese «dulce punto». A medida que aprendes a apoyarte en él, Dios te irá ayudando a descubrir el verdadero gozo y significado que viene de ser sencillamente «tú».

El plan de Dios para el mundo se sostiene, todos sus designios están hechos para durar.
SALMO 33.11 (MSG)

En Éxodo leemos cómo Dios le pidió a Moisés que sacara a los hijos de Israel de la esclavitud de Egipto. Este le dijo que sí al liderazgo, pero no a hablar en público. El «no» de Moisés no impidió que el plan de Dios se cumpliera. Aarón, el hermano de Moisés, fue utilizado como portavoz en su lugar. El propósito y el plan divinos para este mundo se materializarán. Dios te ha dado libre albedrío para que digas si vas a tomar parte o no. ¿Cuál será tu respuesta?

Relaciones

Frecuenta a Dios y tendrás lo mejor.

SALMO 37.4 (MSG)

En ocasiones, acercarse a Dios puede ser como una lista de quehaceres eterna y no una relación. Si orar, leer las Escrituras, ir a la iglesia o servir a los demás empieza a ser una tarea más, no te conformes con tacharlo de tu lista. Eso es un ritual y no una relación. En vez de ello, concierta una cita con Dios. Establece una hora y un lugar. Luego, limítate a hablar y a escuchar. Céntrate en quién es Dios. Tómate tiempo para enamorarte de él de nuevo.

Ruego al Señor que permita que tu
familia y tus descendientes
siempre crezcan fuertes.
SALMO 115.14 (CEV)

Orar por las personas por las que te
preocupas es una forma de amarlas.
Cuando lo haces, invitas a Dios a obrar
en sus vidas. ¿Qué mayor regalo de
amor podría haber? Pero la oración
también ablanda tu propio corazón hacia
aquellos por los que oras. Con la ayuda
de Dios, sentirás más profundamente
sus necesidades, entenderás sus
motivaciones con mayor claridad y
podrás perdonar sus faltas de un modo
más completo. No hay desventajas en
levantar a aquellos que amas en oración.

Renovación

El llanto podrá durar toda la noche,
pero con la mañana llega la alegría.

SALMO 30.5 (NTV)

La renovación no consiste en respirar
hondo, sonreír apretando los dientes y
abrirte camino hoy a la fuerza. Es una
especie de renacimiento. Supone dejar
que el pasado se caiga de tus hombros
y que le des la bienvenida a la esperanza
de nuevo a tu corazón. La renovación es
una obra del Espíritu, no un estado de
ánimo o un acto de la voluntad. Es
unir manos con Dios y seguir adelante
juntos, expectante y refrescada.
¿Estás dispuesta a soltar lo que te esté
reteniendo y a estirarte hacia Dios?

*Crea en mí, oh Dios, un corazón
limpio, Y renueva un espíritu
recto dentro de mí.*
SALMO 51.10 (RVR1960)

La lavandería es un proceso constante.
Vistes la ropa, la ensucias, y luego la
lavas una y otra vez. Pero incluso después
del lavado, la ropa ya no vuelve a ser
realmente nueva jamás. No confundas
el perdón de Dios con un viaje al
Laundromat. Cuando Dios te perdona,
no se limita a lavar tus pecados, sino
que te da un corazón totalmente limpio.
No quedan residuos opacos ni manchas
tenues de rebeldía. Estás renovada, no
reutilizada ni reciclada o «como nueva».
Tu corazón es nuevo. Otra vez.

Respeto

Pero yo, por tu gran amor puedo entrar en tu casa; puedo postrarme reverente hacia tu santo templo.

SALMO 5.7 (NVI)

Que Dios es nuestro Amigo es verdad. Pero es más que nuestro MAP (mejor amigo por siempre). Es nuestro Señor soberano y Rey. Es Aquel que inició esta relación inverosímilmente íntima Creador/creación. Pero el amor abrumador de Dios por nosotros no debe incitarnos a una familiaridad que ignore la reverencia y el respeto. Llegará un tiempo en el que toda rodilla se doblará ante él. Hasta ese día, ojalá que nuestro asombro y estima sigan creciendo junto con nuestro amor.

Venid hijos míos,
escuchen mientras les enseño
a respetar al Señor.
SALMO 34.11 (CEV)

Considera los maestros y los líderes
que te han ayudado a acercarte a
Dios. Estas personas son dignas de tu
agradecimiento y tus oraciones, pero
también de tu respeto. La Biblia nos dice
que Dios es el poder detrás de quienes
tienen autoridad. Pero estas personas
siguen siendo humanas. Cometen
errores. Toman decisiones con las que
no siempre estamos de acuerdo. No se
nos pide que sigamos a ciegas, sino que
amemos. El respeto es una cara de ese
amor.

Descanso

En lugares de verdes pastos me hace descansar; junto a aguas de reposo me conduce. El restaura mi alma.

SALMO 23.2-3 (NVI)

Dios creó el mundo en seis días. Después se tomó un día para contemplar y disfrutar de todas las cosas buenas que había hecho. La Biblia nos dice que Dios no se cansa ni se duerme, pero hasta él conocía el valor del tiempo libre. Si estás cansada o simplemente intentas llevar un programa frenético, deja que Dios te lleve junto a aguas de reposo. Mira hacia atrás, a todo lo que tú y él han hecho juntos. Regocíjate y después descansa para que Dios pueda restaurar.

El que habita al abrigo del Altísimo se acoge a la sombra del Todopoderoso.

SALMO 91.1 (NVI)

Imagínate una hamaca a la sombra de dos árboles frondosos, meciéndose suavemente bajo la brisa. Ahora figúrate que estás acurrucada allí, con los ojos cerrados, totalmente relajada. Así es descansar bajo la sombra del todopoderoso. Saber que Dios que sostiene tiernamente en su mano, ofreciéndote protección, consuelo y gracia, te permite deshacerte de tus temores y tus preocupaciones. Dios los conoce todos. Descansa en la afirmación de las Escrituras en cuanto a que nada es imposible para Dios.

Recompensa

Tus enseñanzas, Señor, me advierten;
Al obedecerlas tengo gran
recompensa.

SALMO 19.11 (CEV)

Hacer lo correcto conlleva sus propias
recompensas. Ya sean los Diez
Mandamientos reales u otras enseñanzas
halladas en las Escrituras, seguir lo
que Dios dice que es correcto indica el
camino hacia unas relaciones amorosas y
una vida equilibrada. La obediencia viene
con el bono adicional de una conciencia
libre de culpa y el conocimiento de
que estamos viviendo una vida que le
agrada al padre que tan nos ama tan
profundamente. Son recompensas que
no se deslustran con el paso del tiempo.

Que tú, Señor, eres todo amor; que
tú pagarás a cada uno según lo que
merezcan sus obras.

SALMO 62.12 (NVI)

Apocalipsis, el último libro de la Biblia, nos da un atisbo de cómo será el cielo. Una cosa que descubrimos es que seremos recompensadas por lo que hayamos hecho en la tierra. Pero, en lugar de exhibir esos galardones en nuestras mansiones celestiales, se nos dice que los ancianos del grupo los depositarán ante el trono de Dios. Allí es donde pertenecen verdaderamente. Dios es quien nos capacita y nos inspira para hacer aquello que es digno de recompensa.

Rectitud

*Tu rectitud es como las poderosas
montañas, tu justicia, como la
profundidad de los océanos.
Tú cuidas de la gente y de los
animales por igual, oh Señor.*

SALMO 36.6 (NTV)

La bondad de Dios es más que «ser
amable». Es una extensión de su rectitud.
Dado que Dios es amoroso y justo, su
forma de actuar moralmente virtuosa
consiste en proporcionar a sus hijos un
equilibrio de misericordia y disciplina,
directrices y gracia. Por ello, hubo que
pagar un precio por nuestros pecados.
La rectitud de Dios así lo exigió. Pero
en su amor, permitió que Jesús pagara
una deuda a la que nosotros mismos no
podíamos hacer frente.

Dichosos los que guardan juicio, Los
que hacen justicia en todo tiempo.
SALMO 106.3 (RVR1960)

Vivir una vida moral, que honre a Dios a
los que te rodean, es rectitud en acción.
Es lo contrario a la santurronería que es
una vida en la que justificas hacer lo que
estimas correcto, independientemente de
si Dios está de acuerdo con tu valoración.
Sin embargo, la rectitud refleja el propio
carácter de Dios. Muestra que eres
verdaderamente su hija. Tus acciones
no se dejan llevar por la emoción, por la
presión social ni por la ganancia personal.
Haces lo correcto, sencillamente porque
es lo adecuado.

Sacrificio

El sacrificio que te agrada es un espíritu quebrantado; tú, oh Dios, no desprecias al corazón quebrantado y arrepentido.

SALMO 51.17 (NVI)

El sacrificio puede estar motivado por el amor, la necesidad o la obligación. Dios solo pide sacrificios que surgen de nuestro amor por él. Esto no significa que no cuesten. Cuando colocamos nuestro propio orgullo sobre el altar y reconocemos que Dios tiene el control y no nosotros, puede resultar doloroso. Sin embargo, es como el dolor que sigue a una cirugía muy necesaria. Es un precursor de la sanidad. Aquello que abandonamos por amor, es algo sin lo cual estamos mucho mejor.

¡Yo soy el Dios Altísimo! El único sacrificio que quiero es que seáis agradecidos y que cumpláis vuestra palabra.

Salmo 50.14 (CEV)

En el Antiguo Testamento leemos sobre el pueblo de Dios que ofrecía sacrificios para pagar el precio de su rebeldía contra Dios. En el Nuevo Testamento, esos sacrificios desaparecen, todos menos uno. Cuando Jesús fue voluntariamente a la cruz por nosotros, se convirtió en el sacrificio supremo. Su muerte pagó nuestras maldades de una vez y para siempre. Cada vez que escogemos seguir a Dios en lugar de nuestro propio corazón, ofrecemos un sacrificio de gratitud en contrapartida a todo lo que Jesús ha hecho.

Satisfacción

*Sácianos cada mañana con tu amor
inagotable, para que cantemos de
alegría hasta el final de nuestra vida.*

SALMO 90.14 (NVI)

Cada mañana, al levantarte, tómate
tiempo para volver tus ojos hacia el Hijo.
Echa una nueva mirada a lo que Jesús
ha hecho por ti, por amor. Recuerda
cuánto se te ha perdonado y las muchas
bendiciones recibidas. Considera cómo
ha cambiado la dirección de tu vida al
seguir las pisadas de Jesús, y de qué
manera cambiará el día que tienes por
delante. Permite que la gratitud te inunde
de nuevo. No hay mayor satisfacción que
ver tu vida a la luz del gran amor de Dios.

Abres la mano y sacias con tus
favores a todo ser viviente.
Salmo 145.16 (NVI)

Nuestros corazones están necesitados.
Lloran por amor, por alivio, por placer
y por propósito. Lloran por lo que ven
en televisión. Solo Dios puede silenciar
su llanto incesante. Esto se debe a que
él es aquello por lo que lloran. Al abrir
nuestros corazones de una forma más
completa a Dios, veremos con mayor
claridad que nuestras necesidades
están siendo suplidas. Y, lo que es más,
notaremos que nuestros deseos están
cambiando, alineándose más y más con
los de Dios.

Seguridad

El Señor es veraz;
se puede confiar en él.

SALMO 33.4 (CEV)

El poder de Dios es ilimitado. Resulta difícil de entender. Sin embargo, saber que tiene la capacidad de cuidar de nosotros en todas y cada una de las circunstancias no es la verdadera razón por la que podemos sentirnos a salvo y seguros en su presencia. Estar delante de un guardaespaldas fornido solo te hace sentir protegida si sabes que esa persona es digna de confianza, si estás seguro de que está de tu parte. Dios está de tu lado, luchando por ti. Puedes confiar en su fuerza y en su amor.

Tú eres mi refugio; tú me protegerás
del peligro y me rodearás con
cánticos de liberación.

SALMO 32.7 (NVI)

Tener un sistema de alarma instalado en tu hogar puede proporcionarte una sensación de seguridad. Si alguien intenta irrumpir en el interior, puedes confiar en que la ayuda está inmediatamente de camino. Dios es nuestro sistema de seguridad las veinticuatro horas. Cuando llamas, allí está. Pero la verdad es que él está ahí incluso antes de que llames. No vacilará en dar un paso adelante para protegerte, aunque no seas consciente del peligro en el que te encuentres.

Servir a Dios

*¡Alegra mi corazón! Te sirvo y mi
oración es sincera.*

SALMO 86.4 (CEV)

Servimos a las personas a las que
amamos. Si el coche de una amiga se
estropea, la llevamos. Si está enferma,
preparamos una comida para su familia.
Podemos utilizar el término *ayudar* en
lugar de *servir,* pero el resultado es
el mismo. El amor nos lleva a actuar.
A medida que crece nuestro amor
por Dios, nuestro deseo de servirle
también lo hará. Una forma de hacerlo
es preocuparse por aquellos a los que él
ama. Pregúntale a Dios a quién le gustaría
que sirvieras hoy.

Servid a Jehová con alegría; Venid ante su presencia con regocijo.

SALMO 100.2 (RVR1960)

Vivimos en un mundo necesitado. Las personas alrededor del mundo necesitan comida y cuidado médico. Los habitantes de nuestra ciudad necesitan cobijo. Nuestra iglesia necesita voluntarios para servir en la guardería. No podemos suplir todas las necesidades. Tampoco espera Dios que lo hagamos. Tenemos un tiempo, unas energías y unos recursos limitados. Es por eso que la oración es una parte tan importante del servicio. Solo con la ayuda de Dios tendremos la sabiduría y el valor de decir que sí o que no a las oportunidades que nos rodean.

Sueño

Pienso en ti antes de irme a
dormir, y mis pensamientos
vuelven a ti durante la noche.
SALMO 63.6 (CEV)

Acaba tu día de una forma maravillosa,
pasándolo en los brazos de tu Padre. En
lugar de permitir que tus pensamientos
corran hacia mañana, tómate el tiempo
de saborear el hoy. Independientemente
de que haya sido un día que recordarás
durante bastante tiempo, o uno que
preferirías olvidar, pídele a Dios que te
ayude a recordar lo que importa. Dale
gracias por su amoroso cuidado. Pídele
perdón por los momentos en que le
volviste la espalda. Luego, relájate y
descansa, sabiendo que él está cerca.

*Has llevado la cuenta de todas las
vueltas que he dado en mi cama en mis
noches de insomnio, cada lágrima
ha entrado en tu libro mayor, cada
dolor anotado en tu libro.*

SALMO 56.8 (MSG)

El insomnio puede ser como una maldición. Tu mente corre y tu cuerpo te duele pidiendo descanso. Cuando el sueño se te escapa, reposa en Dios. Pon tu mente en él y no en lo que pesa sobre tu corazón. Medita en un solo versículo de las Escrituras, permitiendo que la verdad de las palabras de Dios alivie la tensión de tu cuerpo y el desorden de tu mente. Acurrúcate en el hueco del brazo de Dios y déjale que te acerque a sueños que merecen la pena soñarse.

Discurso

*Sean, pues, aceptables ante ti mis
palabras y mis pensamientos, oh Señor,
roca mía y redentor mío.*

SALMO 19.14 (NVI)

Dios escucha las palabras que pronuncias.
Incluso oye las que permanecen sin
proferir en cualquier sitio que no sea tu
mente. En ocasiones resulta difícil hacer
que las palabras salgan de tus labios. Es
difícil pedir perdón, consolar a alguien
que sufre o intentar desenredar los
errores de comunicación en una relación.
Hasta puede ser complicado decir «Te
amo». Con la ayuda de Dios, puedes
pronunciar lo que necesita decirse. Pídele
a él que te ayude a proferir las palabras
correctas en el momento adecuado.

Señor, ponme en la boca un centinela;
un guardia a la puerta de mis labios.

SALMO 141.3 (NVI)

Las palabras que pronunciamos tienen
poder. Pueden herir o sanar, repeler o
atraer. También pueden proporcionar un
barómetro bastante preciso de lo que
está ocurriendo en nuestros corazones.
Si descubres que hay palabras que
se deslizan cuando te gustaría poder
retenerlas, vuelve a la fuente. Pídele a
Dios que te revele lo que sucede en tu
corazón. Con su ayuda, tus palabras
pueden convertirse en una fuente de
consuelo y aliento para los que te rodean.

Crecimiento espiritual

Quédense quietos,
reconozcan que yo soy Dios.
SALMO 46.10 (NVI)

¿En qué fase de crecimiento te encuentras? ¿En el primer brote primaveral del nuevo amor? ¿Disfrutando de la luz del sol veraniega, creciendo a pasos agigantados y fructíferos? ¿Metida hasta las rodillas en otoño, con restos de tu vieja vida cayendo como hojas muertas alrededor de tus pies? ¿U orando para salir del invierno, donde Dios y ese gozo del primer amor parecen tan lejanos? Cualquiera que sea la estación en la que te encuentres, recuerda: Dios es el Único que puede hacer crecer algo. Confía en su tiempo y está atenta al fruto.

Dichoso el que tiene en ti su fortaleza,
que sólo piensa en recorrer tus sendas.
<small>SALMO 84.5 (NVI)</small>

Estás embarcando en un viaje espiritual que dura toda la vida. Es un peregrinaje que seguirá un camino distinto al de cualquiera que haya deseado jamás crecer más cerca de Dios. Las oraciones que elevas, la rapidez con la que madures, las batallas que peleas, los desafíos que vences y la persona en la que te conviertes se añadirán a una aventura irremplazable. Recurre a Dios en lugar de compararte a otros que calibran lo lejos que has llegado y en qué dirección irás a continuación.

Volver a empezar

Dios hizo mi vida completa cuando coloqué todos los pedazos delante de él. Cuando inicié mi camino, me dio un nuevo comienzo.

SALMO 18.20 (MSG)

Imagina tu vida como un rompecabezas. Has estado intentando completarlo durante años, con un éxito limitado. Faltan algunas piezas o están tan dobladas que no se reconocen. Y, lo peor de todo es que no tienes ni idea de cómo se supone que debe ser la imagen final. ¿Quieres una segunda oportunidad? Dios te ofrece una. Sencillamente admite que necesitas su ayuda. Luego, entrégale a él las piezas de tu vida. Dios te ayudará a crear una vida hermosa, relevante y completa.

*Me siento reconstruido y
estoy vigilando mis pasos.
Dios volvió a escribir el texto
de mi vida cuando abrí
el libro de mi corazón a sus ojos.*

SALMO 18.24 (MSG)

Dios puede volver a escribir el
argumento de tu vida. Es verdad
que lo que está hecho está hecho
—Dios no cambiará el pasado—, pero
puede cambiar tu forma de verlo.
Puede revelarte cómo ha entretejido
los asuntos de la redención y de la
bendición a través de lo que un día
pareció sin esperanza. También puede
modificar la manera como te afecta el
pasado. A través de su poder, Dios te
puede liberar de la esclavitud de los
malos hábitos y de los pasados errores.
En cuanto al futuro, es una página nueva.
¿Qué escribirás a medias con Dios?

Fuerza

Amontona tus problemas sobre los hombros de Dios; él llevará tu carga y te ayudará a salir.

SALMO 55.22 (MSG)

Puedes ganar fuerza física dirigiéndote al gimnasio. Sin embargo, la fuerza espiritual es lo que necesitas para que te lleve por la vida. En lugar de levantar pesas, alza tus ojos y tus oraciones hacia el cielo. Estira tu compasión extendiéndote en amor hacia los que te rodean. Haz que tu corazón lata al empujar más allá de tus propias limitaciones y confía de una forma más completa en Dios. Pese a todo, Dios será tu fuerza y tu entrenador personal.

Tú eres mi fuerza; espero que me rescates, porque tú, oh Dios, eres mi fortaleza. En su amor inagotable, mi Dios estará a mi lado.

SALMO 59.9-10 (NVI)

Algunas personas creen que si siguen a Dios, la vida será de color de rosa. Jesús no parece estar de acuerdo. En Juan 16.33 (NVI), Jesús afirma: «En este mundo afrontarán aflicciones». Pero no lo deja ahí. Prosigue: «¡Pero anímense! Yo he vencido al mundo». No te sorprendas cuando llegue la lucha, pero tampoco te desalientes. Dios te proporcionará la fuerza que necesites cuando te haga falta para ayudarte a vencer cualquier cosa que se cruce en tu camino.

Éxito

*Que él conceda los deseos de
tu corazón y haga que todos
tus planes tengan éxito.*

SALMO 20.4 (NTV)

Hacer lo que queremos mientras le
pedimos a Dios que bendiga lo que
hacemos resulta tentador. Sin embargo,
una oración del tipo «te ruego que
bendigas mis esfuerzos», no es el sello
de caucho de la aprobación de Dios ni
de nuestro éxito. Independientemente
de lo que haya hoy en tu programa,
invita a Dios para que forme parte de tus
planes, desde la fase de la concepción
directamente a la celebración de su
terminación. Dios te ayudará a alinear tus
motivos y métodos con los suyos y tener
éxito en las formas que más importan.

Son como árboles que crecen
junto a un arroyo, árboles que
producen fruto en su tiempo
y que siempre tienen hojas.
Esas personas tienen éxito
en todo lo que hacen.

SALMO 1.3 (CEV)

¿Cómo mides el éxito? ¿Por tu título? ¿Tu peso? ¿Tu poder adquisitivo? ¿La opinión de los demás? La medida del éxito de Dios tiene poco que ver con elogios, apariencias, adquisiciones o admiración. De acuerdo con la Biblia, la clave para el verdadero éxito es el amor. Cuanto más amemos a Dios y a los demás, más éxito tendremos en cumplir lo que Dios ha planeado para nuestra vida. ¿Quieres ser una verdadera mujer de éxito? Sirve a los demás con un corazón humilde.

Agradecimiento

¡Qué hermoso es, Dios, darte gracias,
cantarte un himno a ti el altísimo Dios!
Anunciar tu amor cada día al alba, loar
tu fiel presencia durante toda la noche.

SALMO 92.1 (MSG)

Enviar una nota escrita a mano cuando
se recibía un regalo se consideraba
modales de etiqueta. Piensa en el montón
de tarjetas que necesitarías si le dieras
formalmente las gracias a Dios por cada
regalo que te ha dado. Enviar una nota de
agradecimiento por medio de la oración
o cantar las alabanzas de Dios son las
formas más comunes en que sus hijos
le expresan su gratitud. Pero no dejes
que esto te impida ser creativa. ¿De qué
nueva forma puedes darle gracias a Dios
hoy?

Ahora estoy alerta a los caminos de Dios; no me tomo a Dios por sentado.

SALMO 18.21 (MSG)

La frase «¡Gracias a Dios!» ha perdido mucho de su sentido en estos días. Las personas lo usan de forma intercambiable con expresiones como «¡Vaya!», «¡Menos mal!», o «Estoy de suerte». Esto se debe a que sienten un brote de gratitud cuando les ocurren cosas buenas, pero no todas están seguras de adónde dirigir su agradecimiento. Has vislumbrado la bondad de Dios. Sabes quién está detrás de las bendiciones que recibes. No dudes en decir: «¡Gracias, Dios!», y que sea de corazón.

Pensamientos

Pusiste a prueba mis pensamientos
y examinaste mi corazón durante la
noche; me has escudriñado y
no encontraste ningún mal.
SALMO 17.3 (NTV)

Cuando tu mente vaga, ¿adónde va? En tus momentos más irreflexivos, cuando ya no estás centrada en plazos ni en exigencias, lo que piensas es un fuerte indicador de lo que más te importa. Presta atención a dónde te lleva el curso de tu pensamiento. ¿Es una dirección que quieres seguir realmente? Si descubres que tu mente viaja por caminos que te alejan de Dios, vuelve a recolocarlos en la senda que te dirige hacia aquello en lo que en verdad merece la pena centrarse.

Intento contar tus pensamientos,
pero sobrepasan en número a los
granos de arena de la playa. Y cuando
me despierto, te encontraré cerca.
SALMO 139.18 (CEV)

Intentar comprender a un Dios infinito
con un cerebro limitado puede dejarte
con la sensación de pequeñez. Eso está
bien. Comparados con Dios, lo somos.
Pero cuando equilibramos el que un Dios
demasiado grande para que nuestro
cerebro lo entienda, se preocupa por
nosotros con un amor tan profundo
que nada, nada en absoluto, puede
interponerse entre nosotros hallamos
paz y también perspectiva. Vuelve tus
pensamientos hacia Dios y tu corazón no
podrá evitar seguirlos.

Confianza

Éstos confían en sus carros de guerra,
aquéllos confían en sus corceles, pero
nosotros confiamos en el nombre
del Señor nuestro Dios.

SALMO 20.7 (NTV)

En los Estados Unidos, nuestra moneda proclama: «Confiamos en Dios». Es más fácil decirlo que hacerlo. Puede ser tentador confiar más en el dinero en el que está impreso este lema que en Dios mismo. Eso se debe a que confiar en Dios significa fiarse de alguien a quien no podemos ver. Es como confiar en que una silla invisible soportará nuestro peso. Puedes creer que está ahí, pero sentarte de verdad requiere fe. Cuando tu confianza fluctúe, recuerda que Dios te es fiel.

Luego da un paso de fe... y siéntate.

Es mucho mejor refugiarse en
Dios que en las personas;
Mucho mejor refugiarse en Dios
que confiar en celebridades.
SALMO 118.8-9 (MSG)

La confianza es un don. Si somos sabias, la extendemos a todos aquellos que son dignos de recibirla. Testificar de rasgos de carácter como la sinceridad, la integridad, la lealtad y el amor en la vida de una persona nos informa de que no nos hemos equivocado al depositar nuestra confianza. Pero incluso las personas fiables nos decepcionan en ocasiones. No se puede decir lo mismo de Dios. Él nunca flaquea ni falla. Es eternamente digno de confianza. ¿En qué necesitas hoy confiar en Dios?

Verdad

La verdad sobreentendida
se habla por todas partes.
SALMO 19.4 (MSG)

La Biblia da a conocer la verdad de Dios.
Sin embargo, también la proclama toda
su creación. Las estaciones hablan de
la fidelidad de Dios. El cielo nocturno
canta de su gloria. Las tormentas gritan
su poder Y el primer latido de cada
niño susurra: «Sí, Dios sigue haciendo
milagros». Escucha la verdad de Dios
durante tu día. Toma lo que escuches y
compáralo con lo que lees en la Palabra
de Dios. Su verdad no está escondida.
Se revela cada día.

*Aquello que persigues es la
verdad desde dentro
hacia afuera. Entra en mí, pues;
concibe una nueva
y verdadera vida.*
SALMO 51.6 (MSG)

Dios sabe la verdad sobre ti y también quiere que tú la conozcas. Quiere que elimines las verdades que has estado escuchando, las que susurran: «No soy suficiente, suficientemente lista, hermosa, joven, exitosa, amada y buena». Cualquier «no suficiente» contra el que luches, pídele a Dios que te ayude a ver la verdad. Luego atrévete a dar un paso más no solo aceptando la verdad sobre ti misma, sino viviendo tu vida a la luz de ella.

Esperar

Espero al Señor con toda el alma,
más que los centinelas la mañana.
Como esperan los centinelas
la mañana.

SALMO 130.6 (NIV)

La espera puede parecer una búsqueda
pasiva. Sin embargo, en realidad tienes
una elección en cuanto a cómo pasar
tu tiempo. Puedes perderlo, pasártelo
preocupándote, o adorando. No importa
lo que esperes —un vuelo retrasado, los
resultados de una prueba médica, la
respuesta a una oración—; escoger adorar
convierte la espera en observación.
Cuanto más a menudo vuelvas tus ojos
hacia Dios, más oportunidad tendrás de
notar cómo su mano está en los detalles.

Dios, el único y exclusivo;
esperaré mientras él diga.
Todo lo que espero viene de
él, ¿por qué no hacerlo?
S ALMO 62.5 (MSG)

Algunas veces, el tiempo de Dios parece fuera de sincronización con el nuestro. Considerando que 2 Pedro 3.8 (NVI) nos dice que «para el Señor un día es como mil años, y mil años como un día», esto no es de sorprender. Dios se encuentra en un programa de tiempo eterno. El nuestro es más temporal. Pero Dios ve la imagen panorámica que nosotros no podemos percibir. Por ello, esperar su tiempo es sabio.

Completitud

Mantén tus ojos en el alma saludable,
examina la vida recta; hay futuro
en la ardua completitud.

SALMO 37.37 (MSG)

El término *holístico* suele ir vinculado a
la medicina. Describe un planteamiento
de tratamiento que se dirige a la
totalidad de la persona y no solo a los
síntomas físicos. Si lees los Evangelios,
lo verás en la forma en que Jesús se
preocupaba por las personas. Suplía
sus necesidades físicas, mentales y
emocionales así como las espirituales.
A Dios no solo le importa tu eternidad;
también tu aquí y tu ahora. Invita a Dios
a todos los rincones de tu vida. Él se
preocupa por todas ellas.

Dios me ayudará. Al anochecer,
al alba y al mediodía.
Suspiro profundamente; él oye,
él rescata. Mi vida está bien
y es completa, segura en
medio del peligro.
SALMO 55.16-17 (MSG)

Tal vez pienses que estás viviendo
una vida equilibrada. Comes de
forma adecuada, haces ejercicio con
regularidad e intentas limitar el estrés
permitiendo tiempo para respirar en tu
programa. Pero no te estás preocupando
de tus necesidades espirituales, tu
vida sigue fuera de equilibrio. Es como
intentar montar tú sola en un balancín. No
se puede. Dar la bienvenida a Dios en los
altos y los bajos de cada día es la clave a
la completitud. ¿Es la paz de Dios la pieza
que falta en tu vida?

Sabiduría

Enséñanos a contar bien nuestros días, para que nuestro corazón adquiera sabiduría.

SALMO 90.12 (NIV)

Nuestros días están contados. No es una advertencia. Es una promesa. Nada puede cortar nuestra vida de lo que Dios ha ordenado que vivamos cada uno. Vivir la vida a la luz de nuestra mortalidad no es un lúgubre pasatiempo. Es un estado de ánimo que puede ayudarnos a hacer sabias elecciones. Tenemos un tiempo limitado para vivir y amar en la tierra. Ser más deliberada en nuestra forma de pasar el tiempo es una manera sencilla de ayudar a hacer que cada día cuente.

*Si de verdad eres sabio,
reflexionarás sobre esto:
es hora de que aprecies el
profundo amor de Dios.*
SALMO 107.42 (MSG)

Sin sabiduría, el conocimiento no es más que un montón de información. ¿A quién le importa que tengas todas las respuestas, pero que no tengas ni idea en lo tocante a aplicar lo que sabes? Si quieres ser una mujer sabia, la Biblia dice que solo tienes que pedirlo. Dios te impartirá entendimiento y perspectiva que superan tu propia experiencia personal. Una vez comprendes cuál es la actitud sabia, solo queda hacerlo.

Maravilla

A lo largo y ancho se detendrán,
mirarán asombrados, maravillados.
El alba y el anochecer van
llamando por turnos:
«Ven y alaba».
SALMO 65.8 (MSG)

Los niños son conocidos por su sentido de la maravilla. Tal vez sea porque hay muchas cosas que no saben. Cuanto más nos acercamos a Dios, más cuenta nos damos que somos como niños; ¡cuántas cosas desconocemos en realidad! Cuando te centres en Dios, tómate tiempo para entregarte a la maravilla infantil. Es adoración en su forma más pura y espontánea. No necesitas conocer todas las respuestas, mientras que conozcas a Aquel que está detrás de todas ellas.

Haz votos al Señor tu Dios y cúmplelos;
que todos le lleven tributo al Temible.

SALMO 76.11 (NTV)

Se utiliza la palabra *maravilloso* para describir todo lo que va desde realizar una maniobra difícil en *snowboard* hasta valorar un par de zapatos de Jimmy Choo. Pero en el centro de la palabra se encuentra su intención original: declarar algo digno de tu asombro. Cuando se trata de inspirar asombro, nada puede compararse a Dios. Todo lo que él hace y es inspira un asombro total. De veras. Permite que la verdad de lo que sabes sobre Dios se asiente realmente en ti. La maravilla —y el asombro— seguirán con seguridad.

Trabajo

Si el Señor no edifica la casa, en vano se esfuerzan los albañiles. Si el Señor no cuida la ciudad, en vano hacen guardia los vigilantes.

SALMO 127.1 (NVI)

Trabajar duro sin Dios es sencillamente trabajo duro. Hacerlo con la ayuda divina puede ser parte de una gran empresa. Cuando honras a Dios con lo que haces —recurriendo a él con tus decisiones, tratando a tus colaboradores como a personas que Dios ama de verdad y hacer tu trabajo como si él fuera tu jefe—, tu tiempo de trabajo se transforma en tiempo de adoración. Tu cargo en el trabajo no es tan relevante como tu disposición a dejar que Dios trabaje por medio de ti.

*Lo que ganes con tus manos,
eso comerás; gozarás de
dicha y prosperidad.*

SALMO 128.2 (NVI)

Algunas bendiciones son nuestras
sencillamente porque Dios nos ama.
Otras bendiciones vienen como
resultado de trabajar con Dios. Cuando
se trata de algo dentro de nuestra
capacidad, él espera que tengamos
un papel activo en responder nuestras
propias oraciones. Oramos pidiendo
provisión, pero seguimos haciendo
nuestro trabajo con fidelidad. Oramos
por mejores matrimonios, y, a pesar de
ello, hacemos nuestra parte a la hora de
amar y perdonar. Pedimos mejor salud,
pero vigilamos lo que comemos. Entre
nuestro trabajo y el amor de Dios, somos
doblemente bendecidas.

Preocupación

No temerá recibir malas noticias;
su corazón estará firme,
confiado en el Señor.

SALMO 112.7 (NVI)

El temor a las malas noticias es exactamente en lo que consiste la preocupación. Confiar en Dios es lo que hace que el temor desaparezca. De modo que la próxima vez que el temor empiece a tironearte el corazón, convierte cada preocupación que te esté sobrecargando en una oración. Cuando más se convierta en una costumbre, más notarás que tu perspectiva comienza a cambiar. Empezarás a anticipar ver que Dios produce algo bueno de todas y cada una de las situaciones. Para Dios, hasta las malas noticias son una oportunidad de obrar milagros.

Examíname, oh Dios, y sondea
mi corazón; ponme a prueba y
sondea mis pensamientos.
SALMO 139.23 (NVI)

Las mujeres tienen fama de preocuparse.
Pero no es la reputación que Dios quiere
que reafirmes. Él ofrece paz en lugar de
la preocupación y la angustia. ¿A quién
no le gustaría aceptar un cambio como
este? Cuando tus pensamientos de
angustia empiecen a arrollar tu mente,
trata contigo misma como si fueras un
bebé mayor. Desconecta durante un
tiempo. Cierra los ojos, respira hondo y
entrégale a Dios una por una todas tus
preocupaciones. Permite que aquiete tu
mente y tu corazón.

Adoración

Benditos los que se entregan a Dios,
y vuelven la espalda a las «cosas
seguras» del mundo, ignorando
lo que el mundo adora.

<small>SALMO 40.4 (MSG)</small>

¿Qué adoras realmente? La aprobación, la seguridad económica, la juventud, el talento –incluso la comida– pueden ser ídolos que parecen prometer una vida más feliz y más satisfactoria. Pero es una promesa que nada ni nadie puede cumplir excepto Dios. Tener la casa de verano de revista o tomar como tentempié la mejor tarta de queso del mundo puede hacer que te sientas bien durante un rato. Pero no poseen ningún poder real ni responden a nada que importe de veras. Solo Dios merece nuestra adoración y nuestro amor.

¡Ponte en pie ahora; apláudele a Dios!
Trae un don de risa, canta en
su presencia.
SALMO 100.1 (MSG)

Se suele aludir a los domingos por la mañana en la iglesia como «culto de adoración». Pero la adoración no es un culto ni un deber. Es una respuesta. Es tu contestación personal a la bondad, el poder, la majestad y el amor de Dios. Si la adoración no es tu forma de reaccionar cuando te acercas a Dios, tal vez necesites aproximarte más. Lee los salmos en voz alta. Ora con tus brazos extendidos y tu rostro contra el suelo. Quédate a solas con el Creador del universo y deja que fluya tu adoración.